Im Land der Träume

Der Autor

Ingo Michael Simon ist Heilpraktiker für Psychotherapie und Hypnosetherapeut. Mit Hilfe hypnosegestützter Psychotherapie behandelt er vor allem Menschen mit anhaltenden psychischen Leiden. Angststörungen aller Art und psychosomatische Erkrankungen bilden den Schwerpunkt seiner Praxistätigkeit. Zu seinen therapeutischen Angeboten gehören hauptsächlich klassische und moderne Hypnoseanwendungen, somato-emotionale Psychotherapie und geführte Trancereisen durch die Welt des von ihm entwickelten TRAUMLANDES als innere Repräsentanz der Emotionen.

Ausbildungskurse

Ingo Michael Simon bietet regelmäßig Ausbildungskurse zu verschiedenen Hypnoseformen von der klassischen Suggestionshypnose bis zu modernen Visualisierungstechniken und natürlich zu der von ihm selbst entwickelten TRAUMLANDTHERAPIE an. Aktuelle Informationen, Angebote und Termine finden Sie auf *www.praxissimon.de.*

Im Land der Träume

Fantasiereisen für Erwachsene

Band 1

Ingo Michael Simon

Im Land der Träume
Fantasiereisen für Erwachsene

© 2014 - I. M. Simon

© 2014 Ingo Michael Simon
Herstellung und Verlag:
BoD - Books on Demand, Norderstedt
ISBN: 978-3-7322-8620-1
Covergestaltung: Magic Merlin

Kontakt zum Autor:

http://www.traumlandtherapie.de
http://www.praxissimon.de

Wichtiger Hinweis
Die Inhalte dieses Buches beruhen auf den praktischen Erfahrungen des Autors mit Hypnoseanwendungen und Psychotherapie im Zustand der Trance. Obwohl sich der Autor um größtmögliche Sorgfalt bemüht hat, können Fehler oder Missverständnisse in der Darstellung nicht vollkommen ausgeschlossen werden. Die therapeutische Arbeit mit Menschen sowie die Anwendung der Hypnose obliegen ausschließlich der Verantwortung des Hypnotiseurs. Es kann nicht ausgeschlossen werden, dass Teile dieses Buches falsch verstanden werden oder die Anwendung eines vorgestellten Verfahrens eine ungewünschte Reaktion beim Klienten bewirken kann. Eine Mitverantwortung des Autors besteht auch dann nicht, wenn unter Hinweis auf die Ausführungen dieses Buches mit einem Klienten gearbeitet wird.

Inhaltsverzeichnis

Chora'Ana
Institut

Ausbildung, Beratung & Gesundheit

Chora' Ana ist ein Ort der Unterstützung, Kräftigung und Begegnung, der achtsamen Kompetenz und des Wirkens. Wir bringen für Sie Berater, Ausbilder und Therapeuten aus ganz Europa zu Veranstaltungen an *einen* Ort ... mitten ins Zentrum von Saarbrücken!

Finden Sie bei uns Ihre Wunschausbildung oder das für Sie passende Beratungs- und Therapieangebot ... oder mieten Sie bei uns Ihren Raum und bringen auch *Ihre* Angebote an Beratung, Therapie und Ausbildung nach Saarbrücken!

Sie finden hier Räume mit Wohlfühlfaktor und eine prachtvolle Adresse, um Ihre Kompetenzen in der besten Form zur Wirkung zu bringen. Unsere Behandlungs- und Beratungsräume eignen sich besonders für den alternativgesundheitlichen Bereich. Von Business bis Alternativ, ganz gleich was Sie tun ... Sie dürfen sich bei aller Konzentration auch wohlfühlen. Wenn Sie nach einem Arbeitstag unsere Räume verlassen, darf es mit einem Lächeln sein.

Institut Chora' Ana
Bahnhofstraße 38 - 66111 Saarbrücken
Telefon 0681 / 910 31 667
www.Leben-Wissen-Gesundheit.de

Vorwort

Die von mir entwickelte TRAUMLANDTHERAPIE ist eine Form der Begleitung und Behandlung für Menschen, die in schwierigen Lebensphasen oder im Umgang mit Krankheiten alternative Hilfe suchen. Als Heilpraktiker für Psychotherapie arbeite ich vor allem mit Klienten, die unter schweren Angstzuständen leiden oder von Zwängen und anderen neurotischen Störungen betroffen sind. In den letzten Jahren der intensiven Auseinandersetzung mit tieferen Zugangsmöglichkeiten zu den verdrängten Emotionen meiner Klienten, die ich vor allem für sie selbst erfahrbar und verstehbar machen möchte, habe ich die spezielle Vorgehensweise der Traumlandreisen entworfen und kontinuierlich weiter entwickelt. Die Tagtraumreisen oder Fantasiereisen im und durch das Land der Träume können dabei in einer einfachen Form zur Entspannung und zum Abbau von Stressbelastungen eingesetzt werden, in der therapeutischen Version können damit mentale Probleme und psychische Störungen bis hin zu schweren krankhaften Psychosyndromen therapiert werden. Meine Erfahrung hat gezeigt, dass auch die begleitende Behandlung körperlicher Erkrankungen und die Therapie des psychischen Anteils der Krankheiten im Sinne einer psychosomatischen Psychotherapie von den Fantasiereisen der Traumlandtherapie profitieren. Da ich seit Jahren Texte für Hypnose- und Trancetherapeuten veröffentliche und immer wieder Anfragen zu der therapeutischen Version der Traumlandreisen erhalte, habe ich die Homepage der Traumlandtherapie überarbeitet. Auf *www.traumlandtherapie.de* gibt es Hörproben und Ausbildungsangebote und natürlich auch die Möglichkeit, Termine in meiner Praxis zu vereinbaren. Ich wünsche allen Therapeuten und Beratern, allen kranken und leidenden Menschen, aber auch allen, die sich aus anderem Grund für diese Fantasiereisen interessieren, dass sie im Land der Träume sich selbst neu und anders begegnen können und Befreiung und Zufriedenheit finden.

Ingo Michael Simon
März 2014

Die Traumlandtherapie

Die Arbeit mit Fantasiereisen (Trancegeschichten) ist älter als die Hypnosetherapie. Märchen und Erzählungen haben eine besondere Bedeutung, die in allen Kulturen der Welt weitgehend gleich ist. Sie werden erzählt, um Angst zu vertreiben, um Ruhe zu finden und um den Kindern etwas Lehrreiches mit auf den Weg zu geben. Verpackt in eine Geschichte soll auf Gefahren aufmerksam gemacht werden, sollen Moral und Tugend aufgebaut und gefördert werden und nicht zuletzt sollen böse Geister vertrieben werden. Im Grunde genommen geht es in Märchen immer um etwas Heilsames. Viele Therapeuten wehren sich sicherlich bei der Behauptung, dass eine Fantasiereise ein Märchen sei. Das hat wahrscheinlich damit zu tun, dass der Fantasiereise oder Trancegeschichte eine therapeutische Absicht anhaftet, was bei den Kindermärchen nicht der Fall ist. Dennoch wirkt das gleiche Prinzip. Unsere Vorstellungskraft wird gefordert. Wir versetzen uns beim Anhören immer in das Märchen oder eben in die Trancegeschichte hinein. Dabei spielt es keine Rolle, ob wir die Geschichte interessant oder albern finden. Wir gehen automatisch in die verschiedenen Figuren und Rollen hinein und machen uns ein Bild davon, was wir wohl selbst tun würden in der einen oder anderen Situation. Märchen beinhalten meistens Elemente, die nicht realistisch sind. Zauberei, Magie oder Wesen, die uns im Alltag nicht begegnen, spielen hier oft eine Rolle. Gleichzeitig ist der Kern der Geschichte doch immer sehr realistisch und gibt Anknüpfungspunkte zu unserem Leben. Die vermittelte Botschaft ist meistens eine Aufforderung, sich gut und ehrbar zu verhalten. Darauf verzichtet Therapie natürlich. Es geht ja nicht darum, einen moralisch guten Menschen zu erziehen, sondern Symptome zu lindern. Es ist jedoch das gleiche Prinzip. Fantasiereisen können Elemente oder Abläufe enthalten, die zauberhaft oder märchenhaft sind. In meinem Buch *Wellen am Horizont* gibt es beispielsweise eine Geschichte, bei der es um einen Freiheitsflug geht. Bei einer Fantasiereisen geht das einfach, indem wir die Arme ausbreiten und fliegen. In der Fantasie ist das kein Problem. Wer kennt nicht diese Fantasien, fliegen zu können, zaubern zu können? Gleichzeitig geht es aber auch um ganz reale Probleme oder im Falle der Behandlung von

Krankheiten auch um Symptome. Das Problem des Klienten wird in eine Geschichte verpackt, die ein symbolisches Spiegelbild der Thematik ist. Das wird intuitiv verstanden, so wie wir Metaphern und Vergleiche sehr leicht verstehen. Die von mir entwickelte Traumlandtherapie arbeitet mit ganz speziellen Märchen, genau genommen mit einer Märchenwelt, die der Klient selbst mit Leben füllt. Im Unterschied zu vielen anderen Trancegeschichten oder Fantasiereisen gibt es hier keinen vorgezeichneten Handlungsablauf und - zumindest bei den Fantasiereisen für Erwachsene - nur selten Figuren, denen ich Worte in den Mund lege. Meistens ist der Klient alleine im Land der Träume unterwegs und erkundet seine Emotionen und Bilder seiner Erinnerungen, um neue Wege zu finden. Manchmal trifft er auch Figuren, die in seiner Fantasie von alleine anfangen zu sprechen, ohne dass ich Inhalte oder Worte vorgebe. Die Traumlandreisen sind so aufgebaut, dass verdrängte Gefühle und Ereignisse wiederbelebt werden und auf einer tiefen Gefühlsebene verstanden und verarbeitet werden. Daher kommt die Traumlandreise auch ohne direkte oder verklausulierte Zielsuggestionen aus. Ziele und Wege findet der Klient im Land der Träume selbst. Es handelt sich also weniger um eine tatsächliche Geschichte als um eine Reise durch die eigenen Emotionen. Dabei kann der Zuhörer mehrfach die Perspektive wechseln und seine Probleme von verschiedenen Seiten her betrachten. Im Verlauf der Trancereise kann er außerdem Lösungswege ausprobieren und seine eigene Kreativität und innere Heilkraft wecken. Trancereisen regen immer zum Denken und Fühlen an, können praktisch keinen Schaden anrichten und sind leicht verfügbar. Mit etwas Fantasie können wir uns täglich neue Trancereisen ausdenken und sie unseren Klienten in der Beratung oder in der Therapie anbieten. Wenn sie sich für die Traumlandtherapie interessieren und diese gerne selbst erlernen möchten, besuchen sie mich doch einfach einmal auf meiner Homepage und informieren sich über aktuelle Kursangebote zur Traumlandtherapie auf *www.traumlandtherapie.de.*

Ich werde häufig auf meine Fantasiereisen angesprochen. In meinen Ausbildungsgruppen und von meinen Klienten höre ich immer wieder, dass die Geschichten sehr berührend sein können. Ich werde dann sehr oft gefragt, worauf denn zu achten sei beim Formulieren einer Fantasiereisen, um Schäden beim Klienten zu vermeiden. Natürlich gibt es gute und weniger gute Trancereisen. Doch sorgen sie sich nicht. Sie schaden ihrem Klienten nicht mit einer Geschichte, auch nicht mit einer visualisierten Reise durch seine Emotionen und Gedanken. Doch ich kenne schon das nächste Argument: Was helfen kann, kann auch schaden. Wer hilft, verändert ja etwas. Also kann auch eine negative Veränderung eintreten. - Ich bleibe stur! Fantasiereisen sind ungefährlich. Wir geben unseren Klienten Raum, da zu sein und sich zu öffnen. Ich versichere ihnen, dass das Gegenteil viel dramatischer ist: Schweigen, Ablenken und nicht darüber reden oder nicht einmal an die Probleme denken. Das führt zu einem immer größer werdenden inneren Druck, der die Problematik verschlimmert. Ich verzichte auf eine theoretische Erklärung der Wirkungsweise von Fantasiereisen und darüber, welche Wörter man benutzen oder lieber weglassen sollte, wenn man solche Geschichten schreibt oder frei formuliert. Probieren Sie die Tagträumereien einfach einmal aus und versuchen Sie doch einmal nach einiger Zeit, selbst eine Fantasiereise zu schreiben. Sie werden sehen, dass es vor allem auf die liebevolle und zärtliche Grundhaltung beim Formulieren und beim Lesen oder Sprechen ankommt, auf Respekt und ehrliche Akzeptanz. Das ist dann schon mehr als genug, um eine gute und auch therapeutische Wirkung zu erzielen.

Die Fantasiereisen der Traumlandtherapie folgen jedoch einem klaren Aufbau, den ich im Verlauf meiner Praxistätigkeit entworfen und weiterentwickelt habe. Das hat vor allem damit zu tun, dass es sich in meiner Arbeit überwiegend um Therapie handelt und eine klare Struktur den Ablauf der Sitzung erleichtert. In der direkten Arbeit mit meinen Klienten lese ich nie einen Text ab, sondern formuliere alle Fantasiereisen oder Hypnosetexte frei und individuell. Doch es wäre nicht sehr professionell, einfach drauf los zu erzählen. Unsere Klienten brauchen in der Regel etwas Zeit, um von Alltagsgedanken Abstand zu nehmen und sich auf das Fantasieren und Visualisieren einzustellen. Außerdem geht es ja nicht um freie Assoziation des Klienten sondern um die Konfrontation mit Themen und Eigenanteilen. Ein klarer Aufbau, der die innere Schrittfolge von Erkennen, Verstehen und Verändern berücksichtigt, bietet sich daher dringend an. Bereits die Rückmeldungen zu den ersten

Bänden meiner Buchreihe *Zehn Hypnosen* hatten gezeigt, dass der Bedarf an therapeutischen Texten hoch ist. Ich habe bereits früher Fantasiereisen in Büchern veröffentlicht, gehe mit dieser neuen Buchreihe nun aber dazu über, den Aufbau der Reisen deutlicher zu strukturieren und damit für die Leser nachvollziehbar zu machen. Die einzelnen Abschnitte sind daher jeweils am Anfang mit einem kursiv gedruckten Hinweis versehen, der klarstellt, welche therapeutische Funktion der betreffende Textteil hat. Folgende Schritte gehören zu einer therapeutischen Fantasiereise des Traumlandes:

1. Hinführung zum Thema (Themeninput)
2. Ankommen im Land der Träume
3. Distanzierung vom Bewussten
4. Bewusstseinsreinigung
5. Konfrontation und Klärung
6. Schritt in die Gegenwart
7. Kreative Neuausrichtung
8. Selbstversöhnung
9. Achtsamkeit und Treueversprechen

Die Hinführung zum Thema sollte immer möglichst nah am tatsächlichen Erleben und an der Geschichte des jeweiligen Klienten formuliert werden. Ich habe diesen Abschnitt am Anfang jeder Trancereise kursiv gedruckt und in Klammern gesetzt. Entscheiden sie selbst, ob sie diese Einleitung so übernehmen oder eine individuelle Hinführung benutzen. Ich habe darauf geachtet, alle Textteile so zu formulieren, dass sie auch ohne Anpassung und Umformulierung benutzt werden können. Wenn sie mit einem Klienten in mehreren Sitzungen arbeiten, empfehle ich die Abschnitte *Ankommen im Land der Träume, Bewusstseinsreinigung, Schritt in die Gegenwart* und den letzten Abschnitt, *Achtsamkeit und Treueversprechen*, ab der zweiten Sitzungen immer sehr ähnlich zu halten. Diese Schritte gelten als Fixpunkte für den Klienten, der in jeder Reise einen unterschiedlichen Schwerpunkt seines Themas bearbeitet und sich an dem verlässlichen Gerüst dieser Abschnitte festhalten kann. Er erkennt das Land der Träume an diesen „Stationen" immer wieder als die Plattform seiner inneren Auseinandersetzung mit sich selbst. So kann der

Klient in jeder Sitzung ein sehr unterschiedliches und sich stark veränderndes Land der Träume erleben, gleichzeitig aber vertraute und ihn führende Elemente wieder erkennen. Die jeweils erste Fantasiereise dient als Grundversion, die dem Zuhörer das Land der Träume und das Grundprinzip der verdrängten Gefühle erklärt. Daher weicht der Aufbau der ersten Sitzung von der typischen Schrittfolge, die ich gerade erläutert habe, ab. Eine Tranceeinleitung oder Induktion ist nicht erforderlich. Fantasiereisen führen ganz von selbst in einen Entspannungszustand, der einer Therapietrance entspricht. Dieser Zustand ist vollkommen ungefährlich. Lassen sie ihrem Klienten am Ende der Reise etwas Zeit zum Wachwerden und helfen sie etwas dabei. Auch hierzu ist keine klassische Tranceausleitung notwendig, kann aber verwendet werden. Ich habe eine „Ausleitung" an das Ende jeder Reise gehängt.

Für jedes Buch dieser Reihe wähle ich zwei verschiedene Themen aus, zu denen ich jeweils fünf Fantasiereisen schreibe, die als Sitzungsfolge verstanden werden können. Die Reihenfolge und die Vorgehensweise der fünf Fantasiereisen sind so gewählt, dass sie als Therapeut mit einem Klienten in der Schrittfolge der Traumlandtherapie fünf aufeinander folgende Sitzungen gestalten können. Wenn sie die Reisen für sich selbst nutzen wollen, nehmen sie sich einfach die fünf Reisen als Audiodatei auf und hören sie sich diese an. Nutzen sie jede Aufnahme für die Dauer einer Woche und hören sie diese täglich an. Spüren sie dann selbst die Wirkung. Denken sie bitte auch daran, dass selbst gesprochene Fantasiereisen nicht die Behandlung durch einen Arzt oder Heilpraktiker ersetzen. Die einzelnen Fantasiereisen bauen jedoch nicht inhaltlich aufeinander auf, das ist auch in meiner Praxis nicht so. Der Zuhörer muss nicht die zweite gehört haben um die dritte zu verstehen. Es können also auch einfach einzelne Reisen, die ihnen gut gefallen, in der Praxis benutzt werden. Alle Texte sind leicht zu verstehen, auch ohne jede Vorkenntnis. Sie wollen wissen, welchem Grundverständnis die Traumlandtherapie folgt? Nichts einfacher als das. Lesen sie einfach eine Grundversion (Erste Sitzung). Dann wissen sie alles, was wichtig ist. Sie müssen nicht danach suchen. Sie werden sehen, dass sich die Traumlandtherapie selbst erklärt.

Selbstachtung und Selbstwert
Erste Sitzung (Grundversion)

[Du hast oft das Gefühl, klein und unscheinbar zu sein oder vieles falsch gemacht zu haben. Du wirst von Unsicherheit und Zweifel begleitet, denkst immer wieder, du hättest nicht genug getan oder etwas falsch gemacht. Vielleicht hast du dich oft gefragt, warum du diese Gedanken und diese Gefühle eigentlich in dir hast. Du hast versucht, anders über dich selbst zu denken, anders zu urteilen, in der Hoffnung, dass du dich damit wohler fühlen könntest. Auch in der Hoffnung, dass andere dich besser annehmen könnten. Die Zuneigung anderer Menschen ist für uns alle immens wichtig. Wir werden schon mit dem Wunsch nach Zuneigung und Liebe geboren, streben danach unser ganzes Leben lang. Wenn es uns gelingt, uns selbst zu lieben, ist das eine gute und wichtige Voraussetzung, auch echte Liebe von außen zu erfahren. Und wenn niemand da ist, der uns liebt, tröstet uns die Selbstliebe und hilft uns, auch wenn wir alleine sind, in Frieden mit uns zu leben. Doch gerade die Selbstliebe macht dir so große Schwierigkeiten. Dich selbst zu achten und anzunehmen, so wie du bist, denn anders kannst du jetzt nicht sein, fällt dir nicht leicht. Doch es gibt einen Weg, der dir helfen kann, dich selbst neu und anders zu sehen, vielleicht schon sehr bald Achtsamkeit, Respekt und sogar Liebe von dir für dich zu finden. Ich lade dich dazu ein, diesen Weg mit mir zu gehen.]

Ankommen im Land der Träume. Du stellst dich auf eine innere Reise ein ... ... eine Reise in ein weit entferntes Land, das gleichzeitig ganz nah ist: das Land deiner Träume ... ... Fühle den Rhythmus deiner Atmung und folge ihm. Stell dir dabei vor, du könntest deinen Körper verlassen, um durch Raum und Zeit zu reisen, zu deiner eigenen Kreativität und Fantasie, zu deiner eigenen Schöpfungskraft ... ... Auf den Flügeln deiner Seele, getragen vom Wind deines Atems, verlässt du jetzt deine Gedanken und deinen Körper und gehst in das Land der Träume ... ... In diesem besonderen Land ist alles möglich, was du denken kannst, denn aus jedem einzelnen Gedanken kann Wahrheit werden, wenn die richtige Zeit dafür gekommen ist. Und wer weiß, vielleicht ist ja heute der richtige Zeitpunkt für eine neue Wahrheit in deinem Leben ... ...

Der heilsame Weg. Das Land der Träume ist ein besonderer Ort … … ein Ort, an dem du lernen kannst, was dich einst so klein gemacht hat und dir selbst beigebracht hat, dich abzulehnen … … oder dich selbst mit wenig Respekt und Achtsamkeit zu behandeln … … Du kannst hier lernen und erkennen, dass es einen Ausweg gibt … … einen Weg, der immer zu dir selbst führt und damit von vielen Schwierigkeiten, die du hast, wegführt … … dein Befreiungsweg im und durch das Land der Träume … … deswegen bist du hier … … um dich von alten Denkweisen und unklaren Gefühle zu befreien … … um zu erkennen, wer und was du wirklich bist … … Du stehst auf einem breiten Weg in einem Wald … … Du folgst dem Weg durch diesen Wald, der im Land der Träume der Wald deiner Gedanken ist … … Alle Gedanken, die du einst hattest, sind hier … … auch alle Gedanken, die du irgendwann noch denken wirst, genau so wie alle Gedanken, die du in diesem Augenblick haben könntest, bereits hier sind und darauf warten, von dir entdeckt zu werden … … Dein Weg führt zur Lichtung der Selbsteinschätzung … … ein Platz mitten im Wald deiner Gedanken, die aus deinen Gefühlen heraus entstehen … … Alle Orte im Land der Träume haben eine Bedeutung, und diese Lichtung zeigt deine Gedanken zu dir selbst … … In der Mitte der Lichtung steht eine steinerne Gedenktafel, auf der steht „Ich bin nicht wert, geliebt zu werden", denn das ist dein Gedanke zu dir selbst … … Darunter stehen ganz viele Anforderungen und Einschätzungen von außen, denen du als Kind und auch als erwachsene Person begegnet bist … … Vielleicht steht dort „Du bist schuldig" oder „Es liegt an dir" oder „Kümmere dich mehr um andere als um dich selbst" oder „Du bist nicht wichtig" … … Doch das waren nicht deine Gedanken und Einschätzungen … … Du bist ihnen so oft begegnet, dass du sie irgendwann übernommen hast … … Das musste damals so geschehen, weil du nur so wirklich durchhalten konntest … … weil du in deinem Innern nur so überleben konntest … … Dich anzupassen, ob nun bewusst oder unbewusst, war deine Überlebensstrategie … … Doch diese steinerne Tafel wartet darauf, zu Staub zu zerfallen, um deinen wahren Gefühlen Raum zu geben … … um deine Selbstachtung und dein daraus erwachsendes Selbstvertrauen zur Entfaltung zu bringen … … Hier im Land der Träume kannst du deine wahren Gefühle finden, die dir immer helfen, ob sie nun angenehm oder schmerzhaft sind … … Alles, was du wirklich bist, hilft dir, dich selbst zu achten und mit dir selbst im Einklang zu sein ... ... Du gehst also weiter, Schritt für Schritt, um deine Gefühle und damit dich selbst im Land der Träume zu befreien ... ... Heute fängst du damit an ... ... Du kommst zur Lichtung der Farben ... ... tief im Wald der Gedanken findest du diesen ruhigen und schönen Platz, der dich zum Verweilen einlädt ... ... Farben können dir im Land der Träume helfen, sie haben Botschaften für dich, und jede Farbe hat ihre eigene, ganz spezielle Aufgabe und Bestimmung ... ... Du entdeckst einen bequemen Platz ... ... einen weichen Sessel oder eine Hängematte ... ... oder eine Liege, auf der du bequem liegen kannst ... ... Du machst es dir so richtig bequem auf deinem Platz ... ... Eine gläserne Kuppel befindet sich wie ein Dach über dir ... ... eine Halbkugel, die in vielen Farben leuchten und strahlen kann ... ... Dann legt sich ein Schatten auf die Lichtung ... ... ein grauer Schatten ... ... Die Farbe grau entsteht nicht durch den Mangel an Farben, sondern durch viele Farben, die sich überlagern ... ... so kannst du im Grau nicht mehr erkennen, welche Farben eigentlich da sind ... ... vielleicht sind bunte und fröhliche Farben mit drückenden und schweren Tönen gemischt ... ... Die Farbe Grau erinnert dich an die schwere Zeit in deinem Leben ... ... an den Schatten deiner Vergangenheit, der bis in die Gegenwart reicht ... ... Dann wirst du von weißem Licht umhüllt ... ... reines, weißes Licht umgibt dich und löst die grauen Töne auf ... ... Die Farbe Weiß sorgt für Reinheit und Klarheit im Land der Träume und damit auch in deinen Gedanken und in deinem Gefühl ... ... Das Weiß löst die grauen Töne auf und hilft dir, wann immer du dieser Farbe begegnest, die Schatten der Vergangenheit aufzulösen und dich zu befreien von ihrem Einfluss ... ... Als nächstes strahlt die Kuppel über dir goldgelb ... ... Sie umgibt dich als strahlendes Licht, das dich einhüllt ... ... Die Farbe Goldgelb ist die Farbe des Lernens ... ... So viel hast du in deinem Leben schon gelernt, bist manchmal von den Lernaufgaben deines Lebens auch müde geworden ... ... Hier im Land der Träume hilft dir die Farbe Goldgelb bei einem inneren Lernprozess, für den du einfach nur da sein musst, das ist dann schon genug ... ... Alles Lernen, das dich von deinem Leiden befreien kann, geschieht tief in deinem Gefühl, im Land der Träume ... ... Das goldgelbe Licht dringt tief unter deine Haut und erfüllt deinen ganzen Körper mit Wärme ... ... Dann leuchtet die Kuppel hellblau ... ... Das hellblaue Licht erinnert dich daran, dass du vieles in deinem Leben loslassen musstest ... ... manches schmerzhaft und traurig, anderes mit dem Gefühl der Befreiung ... ... Die hellblaue Kraft hilft dir im Land der Träume, die Vergangenheit loszulassen ... ... Gedanken der Rache und Vergeltung loszulassen, wenn es solche Gedanken in dir geben sollte ... ... Sie halten dich auf und schaden dir ... ... Tief in dir weißt du, dass jedes Unrecht, das dir widerfahren ist, und jedes Leid, das du erlebt hast, Teil deiner Geschichte ist, die nicht mehr geändert werden kann ... ... Ändern und gestalten kannst du nur die Gegenwart und die Zukunft, die in genau diesem Augenblick beginnt ... ... Das Hellblau hilft dir beim Betrauern des Vergangenen ... ... Es hilft dir, deine Schmerzen zu beweinen und deine Traurigkeit so lange anzunehmen bis sie ihre Aufgabe erfüllt hat ... ... Die Farbe Hellblau hilft dir dabei, in deiner Gegenwart zu leben, denn nur das ist wirklich möglich ... ... Dann strahlt silbernes Licht, das die gläserne Kuppel ausleuchtet ... ... Silber ist die Farbe der Wahrheit ... ... vor allem der Wahrheit einer konstruktiven Zukunft ... ... Das Silber des Traumlandes zeigt dir, dass es auch für dich eine schöne und gute Zukunft gibt ... ... eine Zukunft, in der du dich selbst mehr achten und respektieren kannst ... ... dir selbst all das vergeben kannst, was du dir vorwirfst ... ... was auch immer du erlebt oder getan hast ... ... Die Farbe Silber ist die Farbe deiner Hoffnung auf Freiheit und Leichtigkeit in deinem Leben ... ... Als nächste Farbe siehst du goldenes Licht, das dich umgibt ... ... das dich einhüllt wie ein schützender Mantel aus purem Gold ... ... Die Farbe Gold ist die wertvollste Farbe im Land der Träume, denn es ist die Farbe der tiefen und unzerstörbaren Kraft in dir ... ... Die Farbe der Lebenskraft, die dir mit deiner Geburt geschenkt wurde ... ... Die Farbe der Schöpfung, die auch in dir leuchtet ... ... Im Land der Träume findest du die Farbe Gold, um diese Schöpfungskraft tief in dir zu spüren und wieder für dich wirken zu lassen ... ... Schließlich umgibt dich die Farbe Rot ... ... Ein kräftiges, intensives Rot leuchtet die gesamte Lichtung aus ... ... Rot ist die Farbe der Liebe ... ... Sie erinnert dich im Land der Träume daran, dass du dich selbst wieder lieben darfst, so wie es einst war ... ... Mit der Fähigkeit und dem Willen zur Selbstliebe bist du geboren worden, doch vieles in deinem Leben ist geschehen, und vieles hat dazu beigetragen, dass du dich selbst nicht immer lieben konntest ... ... Vielleicht kannst du dich

schon gar nicht mehr daran erinnern, dass es jemals anders war … …
dass du dich selbst früher geliebt hast … … denn im Verlauf deines Lebens, in den Ereignissen und Erlebnissen deiner Vergangenheit, hast du angefangen an dir zu zweifeln, hast dich immer wieder verstellen müssen und dich schließlich selbst abgelehnt … … anfangs in bestimmten Situationen oder in einer bestimmten Umgebung … … bestimmten Menschen gegenüber … … Später ist es dann zur Routine geworden, bis du deinen eigenen Wert nicht mehr richtig erkennen konntest … … Oftmals hast du nicht einmal bemerkt, dass du dir selbst ohne Achtsamkeit und Respekt begegnet bist, dich selbst ausgebeutet hast … … Die Farbe Rot hilft dir, deinen Wert wieder zu finden und zu schätzen … … dich selbst besser annehmen oder lieben zu können … …

Emotionale Verankerung und Motivation. Dann stehst du auf und gehst weiter und erreichst das Ende des Waldes … … Du gehst nach draußen, stehst auf einer Hochebene … … Von hier aus kannst du das gesamte Traumland überblicken … … Du siehst Berge und Täler, Flüsse und Seen, Wiesen und Wälder … … Dieses weite Land gehört dir, es wartet darauf, von dir entdeckt und erkundet zu werden … … Hier kannst du dich selbst und deinen Frieden finden … … Hier kannst du auch Achtsamkeit und Selbstliebe finden, Vertrauen und Mut … … heute schon …
… oder an jedem anderen Tag deines Lebens … … Du verstehst jetzt, dass das Land der Träume ganz tief in dir drin ist … … Dort war es schon immer … … Ich erzähle dir nur davon … …

[Gönne dir noch einen Augenblick der Ruhe und verweile in deinem Gefühl. Lass die Bilder und Gedanken einfach da sein und schenke dir selbst Achtsamkeit und Zuneigung. Lass deine Atmung bewusst werden. Mit dem Wind deines Atems kommst du zurück in deinen Körper. Werde dir deines Körpers bewusst und schenke ihm Achtsamkeit. Nimm Kontakt auf zu der Unterlage, auf der du liegst, und stell dich darauf ein, mit dem Gefühl der Nähe zu dir selbst wach zu werden. Dein Körper wird wieder aktiv und du wirst nun wieder wach. Du öffnest die Augen und bist wach!]

Selbstachtung und Selbstwertgefühl
Zweite Sitzung (Vergangenheitsbewältigung)

[Du kennst diese Fragen: Was bin ich wert? Bin ich liebenswert? Kann mich überhaupt jemand lieben, so wie ich bin? Und vielleicht hast du schon oft gehört, dass nur der geliebt werden kann, der sich selbst lieben kann. Doch was nützen geflügelte Worte und philosophische Erkenntnisse, wenn genau das nicht so einfach gelingt. Sich selbst zu lieben, ist eine echte Herausforderung, wenn wir uns klar machen, was Liebe eigentlich bedeutet. Das vollkommene Annehmen dessen, was wir selbst sind, und uns dabei gleichzeitig gern haben oder uns darüber freuen, dass wir genau so sind, wie wir eben sind – Das kann gelingen, doch verordnen können wir es uns nicht. Vielleicht aber genügt es ja für den Anfang, daran zu arbeiten, dass du dich selbst zumindest akzeptieren kannst. Dass du dich, so wie du dich erlebst und wie du fühlst, gut ertragen kannst, ohne dich selbst anzuklagen. Das wäre dann ein erster großer Schritt. Lass uns also damit beginnen, dass du dir selbst auf neue und andere Art und Weise begegnen kannst, um dich selbst annehmen zu können. Wenn daraus Respekt und Zuneigung entstehen, kannst du auch das sicher annehmen, doch niemand fordert es von dir. Zu verlangen, dass du dich achtest oder liebst, wäre eine erneute Anforderung von außen, ein weiteres Zeichen der Respektlosigkeit.]

Ankommen im Land der Träume. Du stellst dich auf eine innere Reise ein … … eine Reise in ein weit entferntes Land, das gleichzeitig ganz nah ist: das Land deiner Träume … … Fühle den Rhythmus deiner Atmung und folge ihm. Stell dir dabei vor, du könntest deinen Körper verlassen, um durch Raum und Zeit zu reisen, zu deiner eigenen Kreativität und Fantasie, zu deiner eigenen Schöpfungskraft … … Auf den Flügeln deiner Seele, getragen vom Wind deines Atems, verlässt du jetzt deine Gedanken und deinen Körper und gehst in das Land der Träume … … In diesem besonderen Land ist alles möglich, was du denken kannst, denn aus jedem einzelnen Gedanken kann Wahrheit werden, wenn die richtige Zeit dafür gekommen ist. Und wer weiß, vielleicht ist ja heute der richtige Zeitpunkt für eine neue Wahrheit in deinem Leben … …

Distanzierung vom Bewussten. Du stehst auf einer Wiese und hörst das Geräusch fließenden Wassers ... ... Nur wenige Schritte von dir entfernt verläuft ein Bach, dessen kristallklares Wasser dieses Geräusch entstehen lässt und deine Gedanken mit auf die Reise nimmt ... ... So wie das kühle Wasser des Baches leicht und flink über die Steine gleitet, so gleiten deine Gedanken von dir ab und lassen sich treiben ... ... Du schaust dem Spielen des Wassers zu, und dein Blick verliert sich allmählich in dem glitzernden und unaufhörlich fließenden Wasser ... ... Du gehst am Ufer des Baches entlang, folgst seinem Weg und seinem Fließen ... ... Eine schmale hölzerne Brücke führt dich auf die gegenüberliegende Seite, dort folgst du weiter dem Weg des Wassers, das immer tiefer in das Land der Träume hinein fließt ... ... mit dem sanften Rauschen des Wassers gehst auch du immer tiefer in die Welt der Träume und Fantasien ... ... Dein Gang wird immer leichter und spielerischer ... ... Du bewegst dich so wie das Wasser des Baches ... ... folgst einfach deiner inneren Bewegung ... ... deinem vorgezeichneten Weg, der schon immer da war ... ... lässt dich selbst einfach treiben in deiner Fantasie ... ... Dann verschwindet der Bachlauf im Boden ... ... Das Wasser fließt in den Boden und findet einen unterirdischen Weg, ganz in der Tiefe ... ... dort fließt das Wasser weiter ... ... bahnt sich seinen Weg ... ... Du hörst das Fließen des Wassers, denn es setzt seinen Weg weiter fort, unter der Oberfläche der Erde ... ...

Bewusstseinsreinigung. Vor dir erscheint ein Vorhang aus weißem Licht. Er taucht plötzlich auf und zieht sich quer durch das Land der Träume wie eine Grenze aus Licht ... ... Glitzernde Fäden aus weißem, funkelndem Licht bilden diesen Vorhang direkt vor dir ... ... Du streckst deine Hände aus und greifst durch die Lichtfäden hindurch ... ... Sie berühren deine Hände und tauchen sie in weißes Licht ... ... Dann schaust du an deinem Körper entlang bis zu deinen Füßen und siehst, wie das weiße Licht durch deinen ganzen Körper fließt ... ... und mit einem großen Schritt gehst du durch den Lichtvorhang hindurch ... ...

Konfrontation und Klärung. Du stehst plötzlich vor einem alten steinernen Theater, das aussieht wie die alten römischen Theater, mit steinernen Sitzplätzen und einer runden Manege ... ... das Theater des einen Au-

genblicks, in dem du einen besonderen Augenblick deines Lebens ent-
decken kannst ... ... Du gehst durch einen Torbogen in das Innere und
findest einen bequemen Platz auf den steinernen Treppen, von dem aus
du alles gut beobachten kannst ... ... Du bist der einzige Besucher in
diesem Theater und alles ist still hier ... ... Du schaust nach unten in die
Manege ... ... Der Boden ist mit ockerfarbenem Sand bedeckt, der im
Sonnenlicht goldgelb funkelt ... ... Dann treten die Darsteller ein, und
du erkennst in ihnen Personen, die du aus deinem Leben kennst ... ...
Du siehst noch einmal wie in einem Schauspiel, welche Verbindung du
einst zu dem einen oder anderen hattest oder immer noch hast ... ... Du
siehst Szenen und Ereignisse deines Lebens wie in einem Theaterspiel,
das eigens für dich aufgeführt wird ... ... Dann verlassen viele wieder
die Manege des Theaters, andere bleiben dort ... ... Vor allem siehst du
dort unten in der Aufführung die Personen und Ereignisse deines Lebens, die dazu beigetragen haben, dass es so gekommen ist, dass du dich
selbst so klein gefühlt hast ... ... dir selbst nicht mit Achtung und Liebe
begegnen konntest ... ... Vielleicht sind es viele Ereignisse, die du dort
siehst und viele Menschen ... ... vielleicht aber auch nur einige ganz
bestimmte Szenen deiner Erinnerung und Fantasie ... ... möglicherweise
ist es sogar eine einzige, ganz besondere Szene deines Lebens, die dir
hier am deutlichsten zeigt, wie das früher war ... ... wie wenig Achtung
und Respekt du damals erlebt hast, im Umgang mit dir oder anderen ...
... Was auch immer du hier siehst, es ist ein wichtiges Bild, ein wichtiges
Ereignisse, selbst dann, wenn du dich an etwas erinnerst, das du auf den
ersten Blick nicht mit geringem Selbstwertgefühl in Verbindung bringen
würdest ... ... Genau die Bilder und Erinnerungen, die du hier siehst
oder die Gefühle, die du hier hast, sind wichtig ... ... Damals konnte es
nicht anders geschehen ... ... Damals hat dein Selbstwertgefühl gelitten
oder es wurde verhindert, dass es aufgebaut werden konnte ... ... Damals lief es so, doch heute passiert etwas völlig anderes ... ... Heute
lernst du von denselben Ereignissen und Personen, von genau diesen
Erinnerungen oder Gefühlen, wie das eben geht ... ... achtsam und sorgsam mit dir selbst umzugehen ... ... Dein tiefes Inneres lernt genau das
für dich jetzt, weil du hier im Land der Träume hinsehen kannst und
deine Bilder betrachten kannst, so wie sie sind und waren ... ... ohne
dich dafür rechtfertigen zu müssen ... ... Schau dir also die Bilder an ...

... Doch vielleicht siehst du gar keine Bilder ... ... vielleicht ist die Manege deines Theaters leer und es zeigt sich nichts, woran du dich erinnern kannst ... ... Auch das ist völlig in Ordnung und es ist mehr als genug ... ... Du bist hier ... ... im Land der Träume, wo alle deine Erinnerungen und Gedanken auf dich warten, wo alle deine Gefühle und Stimmungen immer da sind ... ... Solltest du also jetzt noch keine Bilder erkennen, dann schließ einfach die Augen im Theater und stell dir den goldgelben Sand vor ... ... und achte dann auf dein Gefühl, ganz gleich, wie es sich anfühlen mag ... ... Dein Gefühl hilft dir, das Vergangene neu zu sortieren ... ... Das geschieht von alleine ... ... Du kannst es ... ... Du lernst hier und heute, Achtsamkeit für dich selbst zu empfinden ... ... dich selbst anzunehmen und sorgsam mit dir umzugehen ... ... Dann gehst du selbst mitten in die Manege ... ...

Schritt in die Gegenwart. Plötzlich erscheint vor dir ein goldenes Tor, das sich wie von selbst öffnet ... ... Das Tor der inneren Freiheit, das aus purem Gold besteht und sich nur dann zeigt, wenn die Zeit gekommen ist, hindurch zu gehen und frei zu werden ... ... Mit einem Schritt durch das goldene Tor der Freiheit kannst du aus allen Erinnerungen und Träumen heraus in die Gegenwart gehen und frei sein ... ... in der Zeit, die auf dich wartet ... ... Und mit einem großen Schritt gehst du durch das goldene Tor der inneren Freiheit und kommst im Augenblick der Gegenwart an ... ...

Kreative Neuausrichtung. Du stehst auf einer Blumenwiese und hörst das Wasser des Baches wieder fließen ... ... Du findest die Stelle, wo der Bach wieder an die Oberfläche der Erde tritt und weiter fließt ... ... Du gehst ganz nah ans Ufer und siehst das silbern glänzende Wasser des Baches ... ... Es funkelt überall silbern, als wären Tausende kleiner Diamanten im Wasser ... ... Du tauchst deine Hände in das frische Wasser und wäschst sie darin ... ... Du spürst diese reinigende Wirkung, die durch deinen ganzen Körper strömt ... ... Du gönnst dir selbst ein Bad mit den Füßen im Wasser und lässt deine Seele einfach baumeln ... ... Du vertraust auf die Kraft des Traumlandes und lässt diese Kraft einfach wirken ... ... und langsam entsteht das Gefühl von Achtsamkeit und Respekt tief in dir ... ...

Selbstversöhnung. Dann hörst du Kinderstimmen im Wind und schaust dich um … … Eine Gruppe spielender Kinder läuft an dir vorüber … … Sie beachten dich nicht, doch eines davon ist etwas langsamer und läuft der Gruppe hinterher … … Dieses Kind läuft zu dir … … Du hast das Gefühl, dass du es kennst … … Dann fällt dir auf, dass dieses Kind genau so aussieht wie du als Kind ausgesehen hast … … Du bist es selbst … … im Land der Träume begegnest du dir selbst in einer anderen Zeit … … Das Kind begrüßt dich und umarmt dich, freut sich so, dass du endlich da bist, um etwas für dich selbst zu tun … … Das Kind, dein inneres Kind, sagt dir, dass es weiter laufen muss, um mit den glücklichen Kindern den Horizont zu erreichen … … Dann läuft es los, so schnell es kann … … Es läuft schneller und schneller … … glücklich und frei … …

Achtsamkeit und Selbsttreue. Dann gehst du über die Blumenwiese und findest einen schönen Platz mit lauter roten Blumen … … Rosen ohne Dornen … … Mohnblumen, die rot leuchten … … und viele weitere Blumen in der Farbe Rot … … Die Farbe der Liebe von dir für dich … … Liebe von dir für dich … … Du legst dich auf die Wiese und fängst an zu träumen … … Du hörst das Lachen der glücklichen Kinder im Wind und dein eigenes Lachen hallt durch das Land der Träume … … Du bist dir sicher, dass das Land der Träume ganz tief in dir drin ist. Dort war es schon immer. Ich erzähle dir nur davon … …

[Gönne dir noch einen Augenblick der Ruhe und verweile in deinem Gefühl. Lass die Bilder und Gedanken einfach da sein und schenke dir selbst Achtsamkeit und Zuneigung. Lass deine Atmung bewusst werden. Mit dem Wind deines Atems kommst du zurück in deinen Körper. Werde dir deines Körpers bewusst und schenke ihm Achtsamkeit. Nimm Kontakt auf zu der Unterlage, auf der du liegst, und stell dich darauf ein, mit dem Gefühl der Nähe zu dir selbst wach zu werden. Dein Körper wird wieder aktiv und du wirst nun wieder wach. Du öffnest die Augen und bist wach!]

Selbstachtung und Selbstwertgefühl

Dritte Sitzung (Loslassen der Schuldgefühle)

[Du hast dich in den letzten Wochen mit dem Thema der Selbstachtung beschäftigt. Du hast oft darüber nachgedacht, warum es dir so schwer gefallen ist, dich selbst als wertvollen und wichtigen Menschen zu betrachten. Du hast immer gedacht, dass du eben nicht so wertvoll wärst. Du hast wahrscheinlich sehr oft die Erfahrung gemacht, dass menschliche Beziehungen eben nicht von Werthaltungen und Respekt getragen waren. Vielleicht hast du auch niemals in deinem Leben von einem sehr nahe stehenden Menschen gehört, dass es schön ist, dass du da bist. Dann hattest du immer wieder das Gefühl, dass du etwas falsch gemacht hast oder dass es falsch wäre, dass du überhaupt da bist, dass es dich gibt. Vielleicht kennst du auch die Erfahrung, dass es dir oft so gesagt wurde. Mit der Zeit hast du angefangen daran zu glauben und bist immer unsicherer und kleiner geworden. So begleiten dich Schuldgefühle und das schlechte Gewissen seit langer Zeit. Vor einigen Wochen aber hast du einen wichtigen Schritt getan und hast dich entschieden, nach deinem Wert zu suchen, mehr noch, deinen Wert in dir selbst zu finden, um dir selbst mit Achtsamkeit begegnen zu können. Vielleicht sogar, dich selbst irgendwann lieben zu können. Du willst das schlechte Gewissen beenden. Heute und an jedem Tag deines Lebens.]

Ankommen im Land der Träume. Du stellst dich auf eine innere Reise ein ... ... eine Reise in ein weit entferntes Land, das gleichzeitig ganz nah ist: das Land deiner Träume ... ... Fühle den Rhythmus deiner Atmung und folge ihm. Stell dir dabei vor, du könntest deinen Körper verlassen, um durch Raum und Zeit zu reisen, zu deiner eigenen Kreativität und Fantasie, zu deiner eigenen Schöpfungskraft ... ... Auf den Flügeln deiner Seele, getragen vom Wind deines Atems, verlässt du jetzt deine Gedanken und deinen Körper und gehst in das Land der Träume ... ... In diesem besonderen Land ist alles möglich, was du denken kannst, denn aus jedem einzelnen Gedanken kann Wahrheit werden, wenn die richtige Zeit dafür gekommen ist. Und wer weiß, vielleicht ist ja heute der richtige Zeitpunkt für eine neue Wahrheit in deinem Leben ... ...

Distanzierung vom Bewussten. Du stehst auf einem breiten Weg und schaust dich um … … Du bist auf einer Hochebene und kannst von hier aus weite Teile des Traumlandes überblicken, kannst weit in die Ferne sehen … … Du erkennst blühende Felder … … Wiesen und bestellte Äcker … … Wälder und Plantagen und hohe Berge mit schneebedeckten Gipfeln … … dazwischen gibt es viele tiefe Täler, die so tief sind, dass du von hier oben, von diesem Hochplateau aus, nicht bis ganz nach unten blicken kannst … … Manche Täler liegen ganz im Dunkeln, sind von Schatten erfüllt … … aus anderen strahlt etwas Licht nach oben … … Du gehst los … … Du gehst deinen Weg durch das Land der Träume … … Dein Weg führt langsam nach unten, neigt sich den Tälern zu … … Schritt für Schritt gehst du tiefer in das Traumland und tiefer in deine eigene Welt hinein … … in die Welt deiner Gefühle … … Aus dem Tal abseits deines Weges strahlt hellblaues Licht nach oben, wie von einem Scheinwerfer ausgeleuchtet … … Du schaust nach oben in den Himmel und wünschst dir das Wetter, das dir heute am besten gefallen kann … … vielleicht eine Sommersonne, dann soll es so sein … … oder ein Herbsthimmel mit Wolken und ziehenden Vögeln, dann wird auch das so geschehen vor deinem inneren Auge in deinem Land … … im Land deiner Träume … … Hier bestimmst nur du, wie das Wetter sein soll … … Hier bestimmst nur du, was überhaupt sein darf und soll … … denn hier ist alles möglich und alles gehört dir, nur dir allein … …

Bewusstseinsreinigung. Vor dir erscheint ein Vorhang aus weißem Licht. Er taucht plötzlich auf und zieht sich quer durch das Land der Träume wie eine Grenze aus Licht … … Glitzernde Fäden aus weißem, funkelndem Licht bilden diesen Vorhang direkt vor dir … … Du streckst deine Hände aus und greifst durch die Lichtfäden hindurch … … Sie berühren deine Hände und tauchen sie in weißes Licht … … Dann schaust du an deinem Körper entlang bis zu deinen Füßen und siehst, wie das weiße Licht durch deinen ganzen Körper fließt … … und mit einem großen Schritt gehst du durch den Lichtvorhang hindurch … …

Konfrontation und Klärung. Du gehst weiter auf dem breiten Weg, der dich zu einem See mit hellblauem Wasser führt … … Die Oberfläche glitzert und glänzt im Licht der goldgelben Sonnenstrahlen, die ihn berühren … … Mit einem hellblauen Ruderboot, das am Ufer auf dich wartet, ruderst du über den See … … Du kannst durch das Wasser hindurch blicken bis auf den Boden des Sees, ganz tief hinab … … Und auf dem Grund des hellblauen Sees siehst du etwas Zerbrochenes … … einen Gegenstand, der irgendwann in deinem Leben zerbrochen ist … … vielleicht Porzellan, weil du als Kind einen Teller oder eine Kaffeekanne hast fallen lassen … … oder eine Glasscheibe, die im Spiel zu Bruch gegangen ist … … Du erinnerst dich daran, hast vielleicht damals Ärger bekommen … … vielleicht ist auch nie rausgekommen, dass es dir passiert war … … dennoch hast du dich schlecht dabei gefühlt und ein schlechtes Gewissen gehabt … … Du ruderst weiter und schaust nach oben in den Himmel … … Dort siehst du in großen Buchstaben eine Nachricht für dich, eine Botschaft des Traumlandes … … Dort steht geschrieben: *Zer*brechen ist kein *Ver*brechen … … *Zer*brechen ist kein *Ver*brechen … … Doch so hast du es meist gesehen … … für zerbrochene Teller hast du dich schuldig gefühlt … … für zerbrochene Gefühle … … für zerbrochene Beziehungen … … selbst für das Zerbrechen deiner Seele hast du dich schuldig gefühlt und ein schlechtes Gewissen gehabt … … Stell dir jetzt einmal vor, wie es wäre, wenn du es genauso machen könntest wie der hellblaue See … … wenn du Scherben aufbewahren könntest, sie mit dir tragen könntest, doch gleichzeitig wieder zur Ruhe kommen könntest wie das Wasser des Sees … … Du nimmst dir also vor, mit dir selbst und mit den zerbrochenen Scherben in dir genau so umzugehen … … Scherben als Teil deiner Geschichte anzunehmen und deinen Frieden mit dir zu machen … … dein schlechtes Gewissen vielleicht zu zerschlagen wie einen alten Blumentopf, den du nicht mehr haben willst … … und die Scherben deines schlechten Gewissens im See zu versenken und dort ruhen zu lassen … … Dann entdeckst du im Boot eine graue Kugel aus Ton … … Du nimmst sie in beide Hände und betrachtest sie von allen Seiten … … Sie ist unglaublich schwer … … In dieser Kugel befindet sich dein schlechtes Gewissen, all deine Schuldgefühle … … und damit auch dieses Gefühl, das dich selbst so oft abgelehnt hat … … Dann überlegst du dir, dass du jetzt damit anfangen kannst, dein schlechtes Gewissen zu zerschlagen … … vielleicht heute nur im Land der Träume, doch Morgen vielleicht schon in deinem wachen Alltag … … Du nimmst das Ruder in beide Hände und zerschlägst diese schwere graue Kugel ... ... Sie zerspringt in hundert Stücke, und im Innern haben die Scherben die Farbe goldgelb ... ... Dann wirfst du die Scherben über Bord, lässt sie ins Wasser gleiten und siehst dabei zu, wie sie bis ganz nach unten sinken, auf den Boden des Sees ... ... Dort dürfen sie als Andenken bleiben, denn sie gehören zu dir und deiner Geschichte ... ... Doch das Wasser des Sees wird sofort wieder ruhig ... ... Du ruderst weiter und beobachtest, wie sich das Wasser des Sees mit jedem Zug des Ruders von der Farbe Hellblau zu Goldgelb verwandelt ... ... Aus der Tiefe des Sees strahlt goldgelbes Licht ... ... Du erreichst das Ufer und steigst aus dem Boot ... ... Du gehst ohne Weg weiter, folgst einfach deinem Gefühl, das dir den Weg durch das Land der Träume zeigt ... ...

Schritt in die Gegenwart. Plötzlich erscheint vor dir ein goldenes Tor, das sich wie von selbst öffnet ... ... Das Tor der inneren Freiheit, das aus purem Gold besteht und sich nur dann zeigt, wenn die Zeit gekommen ist, hindurch zu gehen und frei zu werden ... ... Mit einem Schritt durch das goldene Tor der Freiheit kannst du aus allen Erinnerungen und Träumen heraus in die Gegenwart gehen und frei sein ... ... in der Zeit, die auf dich wartet ... ... Und mit einem großen Schritt gehst du durch das goldene Tor der inneren Freiheit und kommst im Augenblick der Gegenwart an ... ...

Kreative Neuausrichtung. Du kommst zu einer Blumenwiese ... ... Mitten auf dieser Blumenwiese steht ein silberner Spiegel ... ... Du gehst ganz nah heran und schaust in den Spiegel ... ... Im Spiegel siehst du dich selbst in deinem Alltag, wie in einem Film, den du dir als Zuschauer ansehen kannst ... ... Du siehst dich selbst ohne Schuldgefühle und ohne schlechtes Gewissen und erkennst, wie entspannt und gleichzeitig ziel-strebig du dich bewegst ... ... Du siehst Bilder, die dir zeigen, wie das aussieht, sobald auch in deinem wachen Alltag dein schlechtes Gewissen verschwunden ist ... ... weil du Frieden gemacht hast, Frieden mit dir selbst ... ... so wie heute am See ... ... So wird dein Gefühl jeden Tag leichter, und du wirst stärker ... ... Du siehst dich selbst im silbernen Spiegel als Person, der du Anerkennung entgegen bringen kannst ... ...

heute hier im Land der Träume und Morgen schon in deinem wachen Alltag … …

Selbstversöhnung. Dann hörst du Kinderstimmen im Wind und schaust dich um … … Die Gruppe der glücklichen Kinder läuft über die Blumenwiese … … Sie singen und tanzen und sind fröhlich … … und das Kind, das so aussieht wie du, läuft ganz vorne … … Es winkt dir zu und lächelt … … und läuft immer weiter, der Sonne entgegen … … Du lächelst liebevoll und winkst mit beiden Armen, deine Liebe begleitet das Kind, das zum hellblauen Horizont läuft … … Du freust dich, dass es so schnell der Zukunft entgegen läuft … … deiner Zukunft … … In deiner Hosentasche findest du noch eine kleine goldgelbe Scherbe der zerschlagenen Kugel des schlechten Gewissens … … Du legst sie sanft auf die Wiese und atmest tief aus … …

Achtsamkeit und Selbsttreue. Dann gehst du über die Blumenwiese und findest einen schönen Platz mit lauter roten Blumen … … Rosen ohne Dornen … … Mohnblumen, die rot leuchten … … und viele weitere Blumen in der Farbe Rot … … Die Farbe der Liebe von dir für dich … … Liebe von dir für dich … … Du legst dich auf die Wiese und fängst an zu träumen … … Du hörst das Lachen der glücklichen Kinder im Wind und dein eigenes Lachen hallt durch das Land der Träume … … Du bist dir sicher, dass das Land der Träume ganz tief in dir drin ist. Dort war es schon immer. Ich erzähle dir nur davon … …

[Gönne dir noch einen Augenblick der Ruhe und verweile in deinem Gefühl. Lass die Bilder und Gedanken einfach da sein und schenke dir selbst Achtsamkeit und Zuneigung. Lass deine Atmung bewusst werden. Mit dem Wind deines Atems kommst du zurück in deinen Körper. Werde dir deines Körpers bewusst und schenke ihm Achtsamkeit. Nimm Kontakt auf zu der Unterlage, auf der du liegst, und stell dich darauf ein, mit dem Gefühl der Nähe zu dir selbst wach zu werden. Dein Körper wird wieder aktiv und du wirst nun wieder wach. Du öffnest die Augen und bist wach!]

Selbstachtung und Selbstwertgefühl
Vierte Sitzung (Verzicht auf Wiedergutmachung)

[Du weißt, dass du einst gelernt hattest, dich selbst als klein und unscheinbar zu sehen. Du hattest es so übernommen, weil du keine andere Erfahrung machen konntest oder eben zu selten etwas anderes erlebt hast. Damit hast du Schluss gemacht. Du hast aufgeräumt. Du hast verstanden, dass du einst deine wahren Gefühle verbergen musstest, dass sie dir nicht erlaubt waren. Du hattest keine andere Möglichkeit, als die Sichtweise der Menschen zu übernehmen, die viel mächtiger waren, die gefährlich und geradezu übermächtig waren. Doch im Land der Träume hast du das ändern können. Du hast deine wahren Gefühle tief in dir gefunden und zugelassen. So kannst du tief in deinem Innern von diesen Gefühlen lernen, auch und gerade dann, wenn es unangenehme oder schmerzhafte, leidvolle und hoffnungslose Gefühle waren. Denn kein Gefühl der Welt wird dir schaden können. Alle deine Gefühle helfen dir, stärker zu werden und in Frieden weiter zu leben. Schaden können dir nur Handlungen. Doch kein Ereignis der Welt kann rückgängig gemacht werden. Es ist also eine deiner Herausforderungen, dich zu schützen gegen erneute Angriffe und gleichzeitig das Vergangene loszulassen, auf Wiedergutmachung zu verzichten, denn sie ist nicht möglich.]

Ankommen im Land der Träume. Du stellst dich auf eine innere Reise ein ... ... eine Reise in ein weit entferntes Land, das gleichzeitig ganz nah ist: das Land deiner Träume ... ... Fühle den Rhythmus deiner Atmung und folge ihm. Stell dir dabei vor, du könntest deinen Körper verlassen, um durch Raum und Zeit zu reisen, zu deiner eigenen Kreativität und Fantasie, zu deiner eigenen Schöpfungskraft ... ... Auf den Flügeln deiner Seele, getragen vom Wind deines Atems, verlässt du jetzt deine Gedanken und deinen Körper und gehst in das Land der Träume ... ... In diesem besonderen Land ist alles möglich, was du denken kannst, denn aus jedem einzelnen Gedanken kann Wahrheit werden, wenn die richtige Zeit dafür gekommen ist. Und wer weiß, vielleicht ist ja heute der richtige Zeitpunkt für eine neue Wahrheit in deinem Leben ... ...

Distanzierung vom Bewussten. Du stehst mitten in einem goldgelben Weizenfeld, das zur Ernte bereit steht … … Der warme Wind bewegt die Halme, die sich hin und her bewegen … … Du schaust über das Feld, und es sieht aus wie eine große sanfte Welle, die sich im Wind bewegt … … Du denkst darüber nach, dass du viel Leid in deinem Leben erlebt hast … … äußeres aber auch inneres Leid … … Du hast das alles lange für normal gehalten, hast gedacht, es müsste so sein oder du wärst es nicht wert, anders zu leben, zu fühlen und zu denken … … Doch du hast den Weg zu dir gesucht und auch gefunden … … du gehst ihn hier im Land deiner Träume und in deinem wachen Leben … … denn alles entsteht hier in der Welt deiner Gefühle, und alles wird Wahrheit, wenn du durch das goldene Tor gehst, durch das du auch heute gehen wirst … … Du bist heute hier, um deinen inneren Frieden zu machen … … vielleicht hast du gedacht oder hast es so gehört, dass du nur im Verzeihen deinen Frieden machen könntest … … Du hast so lange dieses schlechte Gewissen gehabt, diese Schuldgefühle, hast geglaubt, dass alles Leid, das du erfahren hast, das wäre, was dir zustand … … Damit hast du die Verantwortung getragen … … jetzt kommt es darauf an, loszulassen … … Loslassen ist wichtiger als Verzeihen … … nur das Loslassen befreit dich … … verzeihen darfst du, wenn du es so willst oder fühlst … … Heute aber lässt du los … …

Bewusstseinsreinigung. Vor dir erscheint ein Vorhang aus weißem Licht. Er taucht plötzlich auf uns zieht sich quer durch das Land der Träume wie eine Grenze aus Licht … … Glitzernde Fäden aus weißem, funkelndem Licht bilden diesen Vorhang direkt vor dir … … Du streckst deine Hände aus und greifst durch die Lichtfäden hindurch … … Sie berühren deine Hände und tauchen sie in weißes Licht … … Dann schaust du an deinem Körper entlang bis zu deinen Füßen und siehst, wie das weiße Licht durch deinen ganzen Körper fließt … … und mit einem großen Schritt gehst du durch den Lichtvorhang hindurch … …

Konfrontation und Klärung. Du erreichst den Platz der Klarheit … … Der Platz der Klarheit ist ein Ort, an dem du alle Gedanken und Stimmungen loslassen kannst … … alle Urteile und Meinungen … … Hier gibt es nur noch weißes Licht … … und vollkommene Klarheit … … Du stehst auf einem gläsernen Boden und bist vollkommen umgeben von weißem Licht … … Es strahlt eine angenehme Wärme aus … … Du kannst durch den Boden hindurch blicken … … Du siehst weißes Licht, das durch den gläsernen Boden strahlt … … Du gehst ein paar Schritte nach vorne, der Boden trägt dich sicher und stabil … … Du fühlst dich wohl und geborgen, beschützt und getragen von dem reinen Licht am Platz der Klarheit … … Vor dir erscheint eine gläserne Wand … … und an dieser Wand läuft Wasser herab … … Das Wasser ist so klar, dass du hindurch blicken kannst … … Du denkst darüber nach, dass vieles in deinem Leben passiert ist, was dich bedrückt und gedemütigt hat … … dass du dich selbst befreit hast und immer noch und immer wieder befreist … … So bist du schon viel stärker geworden und hast deine Haltung dir selbst gegenüber verändert und sicherlich auch deine Haltung anderen gegenüber … … Du kannst dich daher nun besser schützen … … Vielleicht hast du den Wunsch in dir, mit einigen Menschen deinen Frieden zu machen … … andere willst du vielleicht auf Distanz halten, um ihrem Einfluss nicht mehr ausgesetzt zu sein oder dich besser abgrenzen zu können ……

… … Auf der anderen Seite der Wand siehst du die Menschen durch das Licht nach vorne treten, die in deinem Leben eine Rolle gespielt haben, die du so nicht mehr zulassen willst, ob sie noch leben oder bereits verstorben sind … … Du bist hier um deinen Frieden mit der Vergangenheit zu machen … … Frieden machen bedeutet, du lässt sie los und verzichtest darauf, dass sie das, was schief gelaufen ist oder das, was sie dir angetan haben, wieder gut machen … … Vielleicht könnten einige von Ihnen, wenn sie noch leben, ab sofort alles anders machen, wenn sie es wollten … … doch das können sie nur selbst entscheiden, und es wäre auch keine Wiedergutmachung, denn die ist nicht möglich … … Das Leid, das du einst erfahren hast, kann nicht mehr verhindert werden … … Es ist geschehen, du hast es so erlebt … … Es liegt einzig in deiner Entscheidung, ob oder wie du diese Menschen beurteilst, du musst niemandem verzeihen oder vergeben … … Du kannst es tun, wenn du willst, doch du musst es nicht … … Du bist hier, um dich selbst annehmen und lieben zu können, um deinen inneren Frieden zu finden … … also musst du gar nichts für andere erledigen … … Mach deinen Frieden einfach, indem du auf Rache und Vergeltung verzichtest, denn solange du danach strebst, hältst du diese Menschen fest und dein Leiden würde weiter gehen … … Entscheide, wer in deinem Leben noch Platz und Anteil haben darf … … Lass diese Menschen durch die Glaswand zu dir kommen … … Diejenigen, die sich von dir fern halten sollen, bleiben hinter dem Glas und können diese Grenze nicht überwinden … … Nur für die, denen du erlaubst, zu dir zu kommen, wird die Glaswand zum Vorhang aus Licht, für alle anderen bleibt sie eine undurchdringliche Grenze … … Die Personen, die hinter der Glaswand bleiben müssen, verschwimmen allmählich im weißen Licht als graue Schatten, die sich auflösen … … Du beobachtest das an der Glaswand herab fließende Wasser und erkennst auf der Wand einen Schriftzug in silbernen Buchstaben, der sich immer deutlicher zeigt … … Dort steht geschrieben: Frieden in dir … … Du lässt diesen Schriftzug ganz tief in dir wirken … … Frieden in dir … … Du drehst dich um … …

Schritt in die Gegenwart. Plötzlich erscheint vor dir ein goldenes Tor, das sich wie von selbst öffnet … … Das Tor der inneren Freiheit, das aus purem Gold besteht und sich nur dann zeigt, wenn die Zeit gekommen ist, hindurch zu gehen und frei zu werden … … Mit einem Schritt durch das goldene Tor der Freiheit kannst du aus allen Erinnerungen und Träumen heraus in die Gegenwart gehen und frei sein … … in der Zeit, die auf dich wartet … … Und mit einem großen Schritt gehst du durch das goldene Tor der inneren Freiheit und kommst im Augenblick der Gegenwart an … …

Kreative Neuausrichtung. Du kommst zur Blumenwiese … … Du findest einen schönen Platz, um dich auszuruhen, um deinen inneren Frieden deutlicher spüren zu können … … Du ruhst dich aus … … Dann denkst du darüber nach, welcher Mensch dir am besten dabei helfen kann, inneren Frieden zu finden, wenn du ihn noch viel stärker brauchst oder wenn du ihn nicht mehr richtig spüren kannst … … Die Person, die dir am schnellsten helfen kann, inneren Frieden wieder zu spüren, kommt zu dir und tröstet dich für alles Leid, das du einst erfahren hast … … Dieser liebe Mensch, wer auch immer es sein mag, hilft dir hier im Land der Träume, deinen Frieden zu spüren und immer wieder zu finden … … Dann überlegst du dir, wer dir am besten helfen kann, wenn es erforderlich wird, dich zu wehren oder abzugrenzen gegen Demütigung und Erniedrigung … … Dieser Mensch kommt nun zu dir, um dir beizustehen … … um dir zu helfen, dich selbst immer wieder als wertvoll zu sehen und dir zu helfen, dich selbst mit Achtsamkeit und Respekt zu sehen … … dich selbst zu lieben … …

Selbstversöhnung. Dann kommt eine Person zu dir, die dich so richtig lieben kann … … vielleicht gibt oder gab es einen Menschen in deinem Leben, der dich liebt oder einst geliebt hat … … vielleicht hattet ihr nur eine kurze aber intensive Zeit miteinander, doch die Liebe kannst du heute noch spüren … … Doch wenn es diesen Menschen nicht gibt oder gab, dann kommt dein inneres Kind zu dir und hält dich fest, denn das Kind in dir wird dich immer lieben … … So erfährst du Trost und Liebe im Land der Träume … …

Achtsamkeit und Selbsttreue. Dann gehst du über die Blumenwiese und findest einen schönen Platz mit lauter roten Blumen … … Rosen ohne Dornen … … Mohnblumen, die rot leuchten … … und viele weitere Blumen in der Farbe Rot … … Die Farbe der Liebe von dir für dich … … Liebe von dir für dich … … Du legst dich auf die Wiese und fängst an zu träumen … … Du hörst das Lachen der glücklichen Kinder im Wind und dein eigenes Lachen hallt durch das Land der Träume … … Du bist dir sicher, dass das Land der Träume ganz tief in dir drin ist … … Dort war es schon immer … … Ich erzähle dir nur davon … …

[Gönne dir noch einen Augenblick der Ruhe und verweile in deinem Gefühl. Lass die Bilder und Gedanken einfach da sein und schenke dir selbst Achtsamkeit und Zuneigung. Lass deine Atmung bewusst werden. Mit dem Wind deines Atems kommst du zurück in deinen Körper. Werde dir deines Körpers bewusst und schenke ihm Achtsamkeit. Nimm Kontakt auf zu der Unterlage, auf der du liegst, und stell dich darauf ein, mit dem Gefühl der Nähe zu dir selbst wach zu werden. Dein Körper wird wieder aktiv und du wirst nun wieder wach. Du öffnest die Augen und bist wach!]

Selbstachtung und Selbstwertgefühl

Fünfte Sitzung (Abschlussritual)

[Du hast bereits viel erledigt. Du hast dich mit deiner Vergangenheit auseinandergesetzt, hast von deinen eigenen Gefühlen gelernt, dich selbst besser anzunehmen, dich selbst zu schätzen und zu achten, vielleicht auch dich selbst zu lieben. Es gab Situationen und Begegnungen in deinem Leben, die dazu geführt oder dazu beigetragen haben, dass du dich selbst immer kritischer gesehen hast, immer weniger Achtsamkeit und Respekt für dich selbst aufbringen konntest. Doch du bist den Weg der Befreiung gegangen, den Weg des inneren Friedens. Sicherlich hast du vieles verändert, eine neue Haltung entwickelt. Du weißt, dass die äußere Welt deines Alltages kein Ort des Friedens geworden ist. Du weißt, dass die Begegnungen deines weiteren Lebens immer wieder Herausforderungen mit sich bringen werden. Doch du bist jetzt besser darauf vorbereitet und kannst besser mit dir und den Gegebenheiten deines Lebens umgehen. Vielleicht ist dieser Ort des Friedens aber ganz tief in dir und du findest ihn genau dort immer wieder. Zweifel und Furcht, die dich jetzt vielleicht noch begleiten, kannst du heute in Frieden und Liebe verwandeln. Frieden in dir und Liebe von dir für dich. Heute begleite ich dich auf deinem inneren Friedensmarsch der Befreiung und Selbstliebe, auf deinem Ostermarsch in das Tal des goldenen Lichtes.]

Ankommen im Land der Träume. Du stellst dich auf eine innere Reise ein ... ... eine Reise in ein weit entferntes Land, das gleichzeitig ganz nah ist: das Land deiner Träume ... ... Fühle den Rhythmus deiner Atmung und folge ihm. Stell dir dabei vor, du könntest deinen Körper verlassen, um durch Raum und Zeit zu reisen, zu deiner eigenen Kreativität und Fantasie, zu deiner eigenen Schöpfungskraft ... ... Auf den Flügeln deiner Seele, getragen vom Wind deines Atems, verlässt du jetzt deine Gedanken und deinen Körper und gehst in das Land der Träume ... ... In diesem besonderen Land ist alles möglich, was du denken kannst, denn aus jedem einzelnen Gedanken kann Wahrheit werden, wenn die richtige Zeit dafür gekommen ist. Und wer weiß, vielleicht ist ja heute der richtige Zeitpunkt für eine neue Wahrheit in deinem Leben ... ...

Distanzierung vom Bewussten. Du machst dich auf den Weg in das Tal des goldenen Lichtes ... ... Das goldene Licht ist die größte Kraft tief in dir ... ... deine Lebenskraft, aus der alles Heilsame entsteht ... ... Dazu gehst du über vier große Ebenen in das Tal ... ... Auf der oberen Ebene kommst du zur ersten Station deines Ostermarsches. Du stehst vor einem Fenster, dass dir einen Blick in den Alltag erlaubt ... ... Von diesem Fenster aus kannst du sehen, wie das in deinem Alltag war, wie du gelebt und gehandelt hast, ohne dich selbst achten zu können ... ... Du siehst auch andere Menschen, die in deinem Leben eine Rolle spielen oder gespielt haben ... ... Du siehst sie alle als graue Gestalten und auch dich selbst, weil du in der Vergangenheit gar nicht wusstest, warum du so mit dir selbst umgegangen bist ... ... Du gehst weiter und erreichst eine tiefere Ebene ... ... Dort gehst du durch einen Wald mit hohen alten Bäumen ... ... der Wald deiner Gedanken ... ... Alle Gedanken, die du einst hattest, alle die du irgendwann einmal haben wirst und auch jeder Gedanke, den du in genau diesem Augenblick haben kannst, warten hier auf dich ... ... Du siehst überall zwischen den alten Bäumen auch ganz junge Bäume, ganz kleine noch, die gerade erst entstehen, so wie in dir jeden Tag neue Gedanken und neue Ideen entstehen ... ... Doch heute beschäftigst du dich nicht mit deinen Gedanken, du kannst heute etwas viel Wichtigeres finden ... ... Du kommst auf einer noch tieferen Ebene zur Straße der Skulpturen ... ... Du siehst hier Skulpturen deines eigenen Körpers ... ... Sie zeigen dir, wie sich dein Körper einst angefühlt hat und auch jetzt anfühlt ... ... Signale deines tiefen Inneren, die du vielleicht nicht immer bemerkt oder verstanden hast ... ...

Bewusstseinsreinigung. Vor dir erscheint ein Vorhang aus weißem Licht. Er taucht plötzlich auf und zieht sich quer durch das Land der Träume wie eine Grenze aus Licht ... ... Glitzernde Fäden aus weißem, funkelndem Licht bilden diesen Vorhang direkt vor dir ... ... Du streckst deine Hände aus und greifst durch die Lichtfäden hindurch ... ... Sie berühren deine Hände und tauchen sie in weißes Licht ... ... Dann schaust du an deinem Körper entlang bis zu deinen Füßen und siehst, wie das weiße Licht durch deinen ganzen Körper fließt ... ... und mit einem großen Schritt gehst du durch den Lichtvorhang hindurch ... ...

Konfrontation und Klärung. Du kommst zu einer Skulptur, die dir zeigt, wie sich dein Körper jetzt anfühlt, in genau diesem Augenblick ... ... vielleicht steht oder liegt die Skulptur in einer ganz bequemen Haltung, weil es dir gut geht ... ... vielleicht zeigt sie dir aber auch eine Stelle deines Körpers, die sich unbequem anfühlt oder irgendwie anders ... ... vielleicht ein Druckgefühl oder ein Kribbeln ... ... vielleicht eine Stelle, die verletzt oder krank ist ... ... Du gehst ganz nah heran und legst deine Hand auf genau diese Stelle ... ... Dann atmest du tief ein und aus und die Skulptur zerfällt vor deinen Augen zu Staub ... ... Es bleibt nur eine kleine graue Kugel zurück ... ... eine graue Kugel, die einen Rest deiner Unsicherheit enthält, vielleicht auch die Angst, dass dein altes Denken zurück kommen könnte oder dass dein neuer Weg der Selbstachtung verloren gehen könnte ... ... Du nimmst diese kleine graue Kugel des Zögerns und Zweifelns in die Hand und trägst sie mit dir auf deinem Ostermarsch ... ... Doch du gehst noch tiefer und kommst auf die Ebene der Gefühle ... ... Dort stehen ganz viele große Bilderrahmen, die dir dein eigenes Gesicht zeigen ... ... auf manchen Bildern siehst du ängstlich aus ... ... auf anderen wütend ... ... oder verzweifelt ... ... wieder andere zeigen ein fröhliches Bild von dir ... ... Für jedes Gefühl, dass es in dir gibt und gab, steht ein Bild dort ... ... Und im Vorbeigehen siehst du, dass hinter den meisten Bildern noch ein anderes wartet, ein Bild das dein wahres Gefühl zeigt ... ... Vielleicht steht hinter dem Bild der Wut ein Bild der Angst ... ... vielleicht hinter dem Bild der Selbstunsicherheit ein Bild der Einsamkeit ... ... oder ein anderes, das nur du kennst ... ... Du läufst so schnell du kannst über die Ebene der Gefühle und wirfst alle sichtbaren Bilder um, damit die Bilder dahinter befreit wird ... ... damit deine wahren Gefühl frei werden ... ... ohne Urteil ... ... ohne dich zu verstellen und ohne Angst haben zu müssen, dafür abgelehnt zu werden ... ...

... ... Dann kommst du in ein dunkles Tal, so dunkel, dass du kaum etwas erkennen kannst, nur Schatten ... ... Du hörst sprudelndes Wasser, ein Klang, den du schon immer im Land der Träume gehört hast ... ... Immer wenn du im Land der Träume bist, hörst du dieses sprudelnde Wasser im Hintergrund, manchmal leise, manchmal deutlicher ... ... Du entdeckst in der Dunkelheit eine Quelle, aus der goldenes Wasser fließt ... ... Du gehst zur Quelle ... ... Du stehst am tiefsten Punkt des Traumlandes … … ganz unten im Tal … … Das goldene Wasser sprudelt aus der Erde und fließt durch das Tal, das im goldenen Glanz zum Leben erwacht … … Goldenes Licht strahlt plötzlich aus der Quelle und leuchtet das gesamte Tal aus … … Du siehst plötzlich blühende Felder und Bäume mit reifen Früchten … … Das schönste Tal, das du je gesehen hast, und alles glitzert golden … … Dann nimmst du die graue Kugel, die du bei dir trägst, und nimmst dir vor, alle Zweifel und Furcht nun für immer loszulassen … … Du kniest dich hin und tauchst die graue Kugel mit beiden Händen in die goldene Quelle und hältst sie solange, bis sie sich im goldenen Licht ganz auflöst … … Du spürst, wie die graue Kugel in der goldenen Quelle zerfällt … … Dann wäschst du deine Hände in der Quelle und stehst auf … … Du drehst dich um … …

Schritt in die Gegenwart. Plötzlich erscheint vor dir ein goldenes Tor, das sich wie von selbst öffnet … … Das Tor der inneren Freiheit, das aus purem Gold besteht und sich nur dann zeigt, wenn die Zeit gekommen ist, hindurch zu gehen und frei zu werden … … Mit einem Schritt durch das goldene Tor der Freiheit kannst du aus allen Erinnerungen und Träumen heraus in die Gegenwart gehen und frei sein … … in der Zeit, die auf dich wartet … … Und mit einem großen Schritt gehst du durch das goldene Tor der inneren Freiheit und kommst im Augenblick der Gegenwart an … …

Kreative Neuausrichtung. Du läufst über die Ebenen, die dich ins Tal des goldenen Lichtes geführt haben, so schnell du kannst nach oben … … Auf der Ebene der Gefühle siehst du neue Bilder stehen, die deine wahren Gefühle zeigen … … Auf der Straße der Skulpturen steht eine neue goldene Skulptur, die dich in deiner stärksten und gesündesten Verfassung zeigt … … Der Wald deiner Gedanken ist von goldenem Licht durchflutet, und überall entstehen neue kreative Gedanken, die sich als kleine Triebe zeigen, denen du beim Wachsen zusehen kannst … … und auf der oberen Ebene schaust du noch einmal aus dem Fenster, das deinen Alltag in neuen bunten Farben zeigt … … Du siehst dich selbst in Eintracht und Liebe mit dir selbst … …

Selbstversöhnung. Dann läufst du zur Wiese der glücklichen Kinder, um dein inneres Kind zu treffen … … Es läuft dir entgegen, denn es hat schon auf dich gewartet … … Du schließt das Kind, das du selbst bist, ganz fest in deine Arme, und gemeinsam lauft ihr so schnell ihr könnt zum Horizont, der Zukunft entgegen … … deiner Zukunft entgegen … … einer Zukunft von Achtsamkeit und Selbstliebe … … Am Horizont triffst du die Gruppe der glücklichen Kinder … … Nun ist es an der Zeit, dein inneres Kind loszulassen und deinen eigenen Weg zu gehen … … den Weg der Gegenwart … … den Weg in die Zukunft … … Das Kind, das dich begleitet, das dich so lange schon begleitet, läuft weiter, begleitet von deiner Liebe und deinem Mut … … es erreicht die glücklichen Kinder und läuft mit ihnen zum goldenen Licht der Sonne … …

Achtsamkeit und Selbsttreue. Dann gehst du über die Blumenwiese und findest einen schönen Platz mit lauter roten Blumen … … Rosen ohne Dornen … … Mohnblumen, die rot leuchten … … und viele weitere Blumen in der Farbe Rot … … Die Farbe der Liebe von dir für dich … … Liebe von dir für dich … … Du legst dich auf die Wiese und fängst an zu träumen … … Du hörst das Lachen der glücklichen Kinder im Wind und dein eigenes Lachen hallt durch das Land der Träume … … Du glaubst fest daran, dass das Land der Träume ganz tief in dir drin ist … … Dort war es schon immer … … Ich erzähle dir nur davon … …

[Gönne dir noch einen Augenblick der Ruhe und verweile in deinem Gefühl. Lass die Bilder und Gedanken einfach da sein und schenke dir selbst Achtsamkeit und Zuneigung. Lass deine Atmung bewusst werden. Mit dem Wind deines Atems kommst du zurück in deinen Körper. Werde dir deines Körpers bewusst und schenke ihm Achtsamkeit. Nimm Kontakt auf zu der Unterlage, auf der du liegst, und stell dich darauf ein, mit dem Gefühl der Nähe zu dir selbst wach zu werden. Dein Körper wird wieder aktiv und du wirst nun wieder wach. Du öffnest die Augen und bist wach!]

Gewalt gegen die Mutter in deiner Kindheit
Erste Sitzung (Grundversion)

[Es gab eine Zeit in deiner Kindheit, da war Gewalt an der Tagesordnung. Die körperliche Gewalt war gegen deine Mutter gerichtet, die geschlagen und misshandelt wurde. Du musstest das mit ansehen und mit erleben, warst ohnmächtig und hilflos, konntest es nicht verhindern, denn du warst ein Kind. Du kennst die Angst vor der Gewalt, die sich auch für dich selbst als Todesangst dargestellt hat. Sicher hattest du oft Angst, dass deine Mutter getötet wird. Und vielleicht auch Angst, dass eines Tages auch du Opfer der Gewalt werden würdest. Möglicherweise hast du als Kind nur Angst und Sorge um deine Mutter gefühlt, hast dir um dich selbst gar nicht so viele bewusste Gedanken gemacht. Doch tief in dir ist sie da gewesen, die Angst vor Verletzung und Tod. Du hast wahrscheinlich oft oder sogar immer darauf verzichtet, dich selbst zu bemitleiden für diese schwierige Situation und Angst. Stattdessen hast du dein ganzes Mitgefühl deiner Mutter geschenkt, dein eigenes Leiden als Mitleid gespürt und damit dich selbst vernachlässigt, ohne es zu bemerken. Heute weißt du, dass dich all das mehr beeindruckt und geprägt hat als du lange Zeit dachtest. Diese Erlebnisse, vor allem die Gefühle, die damit verbunden waren, haben den Menschen aus dir gemacht, der du heute bist, mit all deinen Stärken und deinem Potenzial, aber auch mit all deinen Beklemmungen und Ängsten, die du heute hast. Mit allen Fragen, die du heute stellst, und auf die du Antworten suchst. Niemand kann die Gewalt von damals ungeschehen machen, doch die Last, die du noch heute trägst, kannst du loslassen und deinen Frieden finden.]

Ankommen im Land der Träume. Du wirst heute eine ganz besondere Reise antreten … … eine Reise an einen Ort, den du noch nie zuvor gesehen hast und doch warst du schon oft dort … … im Land deiner Träume … … Spüre den Rhythmus deines Körpers, der sich mit deiner Atmung wie eine Welle auf und ab bewegt … … Stell dir dabei vor, dass die Wellen deines Körpers dich fort tragen wie die Wellen des Ozeans es könnten … … Du gehst in das Land der Träume … … In diesem Land wirst du zum Entdecker, der alles finden kann … … denn alles war immer schon da und kann gesehen werden, wenn die richtige Zeit dafür gekommen ist ... ... und wer weiß ... ... vielleicht ist die richtige Zeit gerade jetzt ... ...

Der heilsame Weg. Im Land deiner Träume tauchst du ganz und gar ein in eine Welt aus Farben ... ... Farben, die dir helfen, mehr über dich selbst zu erfahren und über die Geschichte des Traumlandes, die auch deine Geschichte ist ... ... So stelle ich dir die sieben heilsamen Farben des Traumlandes jetzt vor und bei jeder Farbe, die ich dir zeige, tauchst du mit all deiner Fantasie und Kreativität in die Vorstellung ein, du wärest ganz und gar umgeben und durchströmt von der Farbe ... ... So kannst du am schnellsten die heilsame Botschaft aufnehmen und tief in dir wirken lassen, die jede Farbe für dich hat ... ... Es ist immer eine Botschaft deiner eigenen Gefühle ... ... Wir beginnen mit der Farbe Grau, die dir im Land der Träume in allen Schattierungen begegnen kann, als helles Grau, in dunkleren Tönen, bis hin zum dunklen Anthrazit ... ... Grau entsteht nicht durch den Mangel an Farbe, sondern vor allem durch die Überlagerung und Durchmischung vieler Farben ... ... und damit begann einst die Geschichte deines heutigen Leidens ... ... Wenn du dir alle Gefühle als Farben vorstellst, so gab es häufig in deinem Leben eine Farbe deines wahren Gefühls, eines Gefühls, das du in einer bestimmten Situation hattest, ob es nun Trauer, Schmerz oder Freude war ... ... Dann hast du aber oft erlebt, dass du der Anforderung ausgesetzt warst, anders zu fühlen als du es konntest, weil deine Gefühle nicht erwünscht waren oder dir sogar verboten wurden ... ... und weil du damals stark sein wolltest für deine Mutter, die diese Gewalt erfahren hatte, hast du auch oft deine eigenen Gefühle versteckt, um sie zu schützen ... ... Wenn du dir nun vorstellst, dass eines deiner Gefühle die Farbe Gelb trug, du dieses Gefühl aber nicht zeigen durftest oder konntest oder wolltest, und dir weiter vorstellst, dass das Gefühl, das du stattdessen gezeigt hast, die Farbe Blau trug, dann kannst du nachvollziehen, dass tief in dir eine Mischfarbe in Grün gespeichert wurde ... ... Alle Ereignisse unseres Lebens, die guten und schönen ebenso wie die schlimmen und schmerzhaften, können uns helfen, unser Leben konstruktiv zu gestalten, weil wir aus unseren Gefühlen lernen ... ... Doch in der Mischfarbe Grün erkennst du dann weder dein wahres Gefühl in Gelb, von dem du am meisten hättest lernen können, noch das von dir erwartete Gefühl in Blau, das niemals dein eigenes war ... ... und wenn viele Farben zusammen kommen, weil zu viele Anforderungen da sind oder zu viele intensive Gefühle versteckt werden müssen, dann entsteht die Farbe Grau ... ... Wann immer dir Grau im Land der Träume begegnet, erinnert es dich daran, dass ein grauer Schatten der Vergangenheit auf deinen Gefühlen lastet, die du befreien kannst ... ... um deinen Frieden zu finden und deine wahren Gefühle zu spüren, die dich niemals schädigen können ... ... Dann gibt es die Farbe Weiß, die vor allem als weißes Licht vorkommt ... ... Weiß ist die Farbe der Klarheit und Reinheit, die Farbe der Klärung und Reinigung ... ... Das weiße Licht hat im Land der Träume nur eine einzige Aufgabe ... ... die Auflösung des Grauen ... ... Weißes Licht einer Kerze kann ein Ankerpunkt deiner Gefühle sein, ein Talisman, der dir hilft, unklare oder unechte Gefühle loszulassen, denn sie helfen dir nicht ... ... Dann gibt es die Farbe Ocker, die sich in ihrer leuchtenden Form auch als Goldgelb präsentiert ... ... Goldgelb ist die Farbe des Erkennens und Lernens, sie zeigt dir im Land der Träume, dass du alle wahren Gefühle finden kannst, denn alle sind immer noch in dir, wenn sie durch Überlagerung auch zum Grau geworden sind, kannst du sie voneinander trennen und wieder wahrnehmen ... ... Das ist die wichtigste Aufgabe des Traumlandes ... ... das Lernen und Reifen in der Wahrnehmung deiner echten Gefühle ... ... Ocker und Goldgelb begegnen dir in den Weizenfeldern und in den Farbtönen der Erde und des Sandes, die dich an die Fruchtbarkeit der Natur und das natürliche Reifen und Wachsen erinnern ... ... Als nächstes ist da die Farbe Hellblau, die die Farbe des liebevollen Loslassens und Verzichtens ist ... ... Erinnerungen bleiben immer bei dir, denn sie gehören zu deinem Leben, sind Teil deiner Geschichte ... ... Doch wer Schlimmes erlebt hat und gelitten hat oder leidet, trägt immer auch Gedanken an Vergeltung oder Rache in sich ... ... Und wenn sich diese Form der Gedanken besänftigt, dann bleiben sie als Wunsch nach Wiedergutmachung immer noch zurück ... ... Wiedergutmachung wäre nur dann möglich, wenn wir in die Vergangenheit reisen könnten, um alles ungeschehen zu machen ... ... Das wäre nur in deiner Fantasie möglich ... ... Im Land der Träume geschieht jedoch das, was heute in deiner Fantasie möglich ist und im nächsten Augenblick schon in deiner wachen Wirklichkeit ... ... Viele Menschen, und vielleicht gehörst du auch zu ihnen, wünschen sich in der Gegenwart einen Ausgleich, wünschen den Tätern der früheren Zeit Beschwernisse in der heutigen, damit sie für ein früheres Unrecht bezahlen …… Diese Denkweise ist zutiefst menschlich …… Doch niemand, der etwas Solches je erlebt hat, hat anschließend berichtet, dass das Leiden, das er erfahren hat und immer noch spürt, davon besser wurde, denn eine Wiedergutmachung wäre das nicht wirklich …… nichts von den Schmerzen und dem Leid, dass du damals in der Zeit der Gewalt gegen deine Mutter erlebt hast, würde ungeschehen, nichts würde sich an den damaligen Gefühlen, die heute noch in dir sind, ändern …… Die große Herausforderung unserer Gegenwart besteht darin, den Wunsch nach Wiedergutmachung loszulassen …… anzunehmen, dass dein Leben so war wie es war …… Du darfst es betrauern, denn Traurigkeit gehört zu der Erkenntnis, dass Wiedergutmachung nicht möglich ist … … Die Farbe Hellblau hilft dir beim Loslassen und beim Verzichten auf Wiedergutmachung …… Du findest sie im hellblauen Himmel und im Wasser der Flüsse und Seen, das hellblau schimmert …… Dann gibt es die Farbe Silber …… Sie ist die Farbe der konstruktiven Wahrheit …… Silber ermöglicht dir einen klaren Blick in die Möglichkeiten deiner Zukunft, die bereits mit dem nächsten Wimpernschlag beginnt …… Silber zeigt dir aber auch, dass es zu deiner Befreiung nur auf deine Gefühle ankommt und nicht auf deine Entscheidungen …… Vielleicht hast du dich bereits mit der Frage auseinander gesetzt, ob Verzeihen notwendig oder hilfreich sein kann …… Du weißt bereits, dass Verzicht auf Wiedergutmachung das Angebot des Traumlandes ist …… Das ist dann etwas vollkommen anderes als Verzeihen, denn Verzeihen wäre ein Lossprechen von Verantwortung …… Wenn Verzeihen wichtig ist, dann nur das Selbstverzeihen, die Selbstvergebung all dessen, was du als deine Schuld betrachtest in deinem Leben. Auch die könntest du nicht mehr gut machen, wenn es sie denn gibt …… Wenn das Land der Träume dich auffordern würde, jemand anderem zu verzeihen, würdest du jede Schuld und Verantwortung, die du bei dieser Person siehst, nur selbst übernehmen – und das hast du schon viel zu oft getan …… Die Farbe Silber eröffnet dir die Freiheit deiner eigenen Entscheidung …… Verzeihen darfst du, wenn du es so willst und fühlst, du musst es aber nicht – Loslassen aber solltest du …… Silber begegnet dir vor allem im silbernen Mondlicht und in silbernen Spiegeln, die einen Blick in die

Zukunft ermöglichen und manchmal auch als silberner Engel, der dir hilft … … Als weitere Farbe gibt es die Farbe Gold, die edelste Farbe im Land der Träume. Sie symbolisiert die tiefe und unzerstörbare Lebenskraft, die Kraft der Natur und der Schöpfung, die dir bei deiner Geburt geschenkt wurde … … Das goldene Licht zeigt dir, dass du den heilsamen Weg findest, das goldene Tor hilft dir, einen heilsamen Schritt zu gehen … … Die goldene Quelle kann alles Unheil auflösen … … Das Gold des Traumlandes erinnert dich daran, dass du tief in dir die gesamte Kraft des Universums trägst, denn du bist Teil der Schöpfung Gottes oder der Schöpferinstanz, an die du glauben kannst … … Schließlich gibt es das Rot der Rosen und der reifen Früchte, die Farbe, die dich daran erinnert, dass Liebe so wichtig ist in deinem Leben … … vor allem die Selbstliebe, die Liebe von dir für dich … … Vielleicht hast du Liebe erfahren oder aber du hast dich niemals geliebt gefühlt, konntest auch das Gefühl der Selbstliebe allenfalls zeitweise oder bruchstückhaft entwickeln … …

Emotionale Verankerung und Motivation. Das Land der Träume ist der Ort, an dem sich deine Selbstliebe allmählich entwickelt … … über das Verstehen und Erkennen deiner Geschichte … … das liebevolle Loslassen und das Betrauern des erfahrenen Leides … … aus Achtsamkeit und Respekt, die du dir selbst entgegen bringst, entwickelt sich dann deine Selbstliebe … … vielleicht heute schon oder einfach an jedem Tag deines Lebens ein kleines Stück … … Das Land der Träume mit all seinen Farben und seinen liebevollen Botschaften ist ganz tief in dir drin. Dort war es schon immer … … Ich erzähle dir nur davon … …

[Gönne dir noch einen Augenblick der Ruhe und verweile in deinem Gefühl. Lass die Bilder und Gedanken einfach da sein und schenke dir selbst Achtsamkeit und Zuneigung. Lass deine Atmung bewusst werden. Mit dem Wind deines Atems kommst du zurück in deinen Körper. Werde dir deines Körpers bewusst und schenke ihm Achtsamkeit. Nimm Kontakt auf zu der Unterlage, auf der du liegst, und stell dich darauf ein, mit dem Gefühl der Nähe zu dir selbst wach zu werden. Dein Körper wird wieder aktiv und du wirst nun wieder wach. Du öffnest die Augen und bist wach!]

Gewalt gegen die Mutter in deiner Kindheit
Zweite Sitzung (Vergangenheitsbewältigung)

[Du erinnerst dich an die Szenen der Gewalt in deiner Kindheit. Gewalt, die sich nicht direkt gegen dich gerichtet hat, sondern gegen deine Mutter, indirekt aber dann doch auch gegen dich, denn deine Beziehung zur Mutter war davon bedroht und beeinflusst, deine Familie war in Gefahr und auch wenn du es vielleicht nicht so deutlich gespürt hast oder wahrgenommen hast, warst auch du in Gefahr körperlicher Gewalt. Deutliche Bilder haben sich dir eingeprägt und mehr noch, Gefühle der Angst und der Verzweiflung haben von dir Besitz ergriffen und prägen einen Teil von dir bis heute. Einen Teil deiner Gefühle konntest du wahrnehmen, den Teil, der sich mit dem Leiden deiner Mutter auseinander gesetzt hat. Einen anderen Teil hast du lange Zeit nicht spüren können, wusstest gar nicht, dass noch andere Gefühle und Empfindungen da waren, die nur dir selbst galten. Bis zum heutigen Tag hast du nur eine Vorstellung von deinen eigenen Gefühlen, die damals deine Todesangst, deine Verzweiflung und Hilflosigkeit ausgedrückt haben. Es ist nun an der Zeit, diese Gefühle in dir zu finden und zu befreien. Sicherlich wünschst du dir einen Weg, der nicht so leidvoll ist wie das Leiden damals und die Erinnerung daran. Es gibt diesen Weg, den du aushalten kannst. Ich begleite dich auf diesem Weg.]

Ankommen im Land der Träume. Du wirst heute eine ganz besondere Reise antreten … … eine Reise an einen Ort, den du noch nie zuvor gesehen hast und doch warst du schon oft dort … … im Land deiner Träume … … Spüre den Rhythmus deines Körpers, der sich mit deiner Atmung wie eine Welle auf und ab bewegt … … Stell dir dabei vor, dass die Wellen deines Körpers dich fort tragen, wie die Wellen des Ozeans es könnten … … Du gehst in das Land der Träume … … In diesem Land wirst du zum Entdecker, der alles finden kann … … denn alles war immer schon da und kann gesehen werden, wenn die richtige Zeit dafür gekommen ist … … und wer weiß … … vielleicht ist die richtige Zeit gerade jetzt … …

Distanzierung vom Bewussten. Du stehst auf einem breiten Weg und fängst an zu laufen ... ... wie ein spielendes Kind läufst du, ohne müde zu werden, folgst diesem Weg, der nach unten führt in das Tal der Stille ... ... das Tal, in dem das Leben still zu stehen scheint ... ... das Tal, in dem Geräusche keine Rolle mehr spielen ... ... in dem die Klänge des Alltags verstummen und auch der Klang deiner Gedanken immer ruhiger und leiser wird ... ... Schritt für Schritt näherst du dich dem Tal und kommst schließlich dort an ... ... Du hörst nur noch die Musik des Traumlandes im Hintergrund und das sprudelnde Wasser einer Quelle, vielleicht auch sanfte Klänge der Natur wie das Zwitschern eines Vogels ... ... und nur diese Geräusche sind wichtig, denn sie zeigen dir, dass du tief im Land der Träume bist ... ... auf dem richtigen Weg ... ... Dann durchquerst du das Tal der Stille und kommst zu einem schmalen Pfad, der nach oben führt ... ... Du folgst dem Pfad bis du oben in der Sonne stehst ... ... Du folgst dem Pfad weiter, der dich lenkt und führt ... ...

Bewusstseinsreinigung. Vor dir erscheint ein weißer Lichtbogen, der sich wie ein kleiner Regenbogen krümmt ... ... Der leuchtende Bogen aus purem Licht ist dein Eingangstor in die Tiefe des Traumlandes ... ... Du stellst dich unter den Bogen und wirst von dem reinen Licht erfasst ... ... Dein ganzer Körper erstrahlt in einem wunderschönen reinen Weiß ... ... Gleichzeitig lässt du alle Gedanken los und öffnest dich für einen neuen Weg im Land der Träume ... ... für einen neuen Weg in deinem Leben ... ... Du gehst unter dem Lichtbogen hindurch ... ...

Konfrontation und Klärung. Du stehst am Rande eines goldgelben Feldes, das aussieht wie ein Weizenfeld, das zur Ernte bereit steht ... ... Auf deiner Haut spürst du warmen Wind, der die Halme des Feldes sanft biegt ... ... Es siehst aus wie eine große goldgelbe Welle, die sich langsam und sanft im Wind bewegt ... ... das goldgelbe Feld der Erkenntnis ... ... Hier kannst du deine Wahrheit finden ... ... die Wahrheit deiner Gefühle, die anders ist als du bisher dachtest ... ... und mitten auf dem Feld liegen zwei riesige Kristallkugeln ... ... die Kugeln des einen Augenblicks, die so genannt werden, weil du dort in einem einzigen Augenblick etwas verstehen und verändern kannst ... ... Du gehst auf das Feld ... ... Du gehst zu der linken Kugel und schließt die Augen ... ...

Dann öffnest du die Augen und stehst in der Mitte der Kugel … … und an der gläsernen Wand der Kugel entstehen langsam Bilder einer längst vergangenen Zeit … … wie auf der Leinwand eines Kinos siehst du Bilder und Szenen aus deiner Kinderzeit … … Du siehst noch einmal die Bilder der damaligen Gewalt und kannst sie aus der heutigen Distanz viel ruhiger anschauen als damals … … Du siehst wie das war als deine Mutter geschlagen und verprügelt wurde … … als ihr Gewalt angetan wurde … … Du siehst auch den Täter … … Damals hast du gelernt, dich um die Gefühle deiner Mutter zu sorgen, Mitgefühl zu empfinden und gleichzeitig dein eigenes Leiden noch über das Mitgefühl hinaus als Mitleid für sie wahrzunehmen … … Damals war es nicht anders möglich, es konnte nur so geschehen, doch heute ist etwas anderes möglich … … Heute lernst du ganz tief in dir drin, wie das geht, deine eigenen Gefühle eben auch spüren zu können und zu unterscheiden zwischen ihrem Leid und deinem Leid … … denn auch du hast gelitten und hättest Hilfe gebraucht … … Dann gehst du mit einem großem Schritt aus der Kugel und stehst wieder in dem goldgelben Feld … … Du spürst hier die Kraft des inneren Wachsens und Lernens … … die Kraft der Natur, die dir hilft, alles in deinem Inneren in Ordnung zu bringen … … Dann gehst du zur rechten Kugel und schließt deine Augen … … Du öffnest sie wieder und stehst in der Mitte der Kugel … … und an der gläsernen Wand der Kugel siehst du ein Bild von dir in der früheren Zeit … … als du noch klein warst und die Gewalt so schlimm erlebt hast … … Du siehst aber nur dich … … Schau dich an und lass dieses Bild auf dich wirken … … vielleicht siehst du ein ängstliches Kind … … vielleicht ein hilfloses … … oder ein Kind, das auf Erlösung hofft … … vielleicht auch eines, das Gott oder die Engel um Hilfe bittet … … ein machtloses Kind, das viel zu klein und zu jung ist, um die Mutter zu schützen … … das aber auch viel zu klein und zu jung ist, um sich selbst zu beschützen … … Das Kind hätte selbst Hilfe gebraucht … … Du hättest Hilfe gebraucht … … Damals entstanden Verzweiflung, Angst, Sehnsucht und vielleicht Schuldgefühle, weil du als Kind überfordert warst und deine wahren Gefühle nicht spüren konntest … … Du hast versucht, stark zu sein für deine Mutter und hättest doch die Stärke der Mutter für dich gebraucht, die sie dir aber nicht geben konnte … … Damals konnte es nicht anders sein, alles geschah in der Welt deiner Gefühle so wie es möglich war ... ... Doch heute lernst du von deinem wahren Gefühl wie das geht, dich um dich selbst zu kümmern und dabei stark und frei zu werden ... ... Du lernst es von den Gefühlen des Kindes, die du auch jetzt spüren kannst ... ... Lass deine Gefühle da sein, so wie sie sind ... ... Sie werden dich nicht erdrücken sondern frei machen ... ... wie auch immer sie sich anfühlen ... ... Du vertraust auf die heilsame Kraft des Traumlandes und auf dein tiefes Inneres, das hier für dich lernt, frei zu sein ... ... und mit einem großen Schritt gehst du aus der Kugel nach draußen auf das goldgelbe Feld ... ... Du gehst zum Rand des Feldes und schaust dich zu den beiden Kristallkugeln um, die in diesem Augenblick in tausend kleine Scherben zerspringen ... ... Du brauchst sie nicht mehr ... ... Alles ist schon erledigt ... ...

Schritt in die Gegenwart. Du denkst darüber nach, dass es jetzt an der Zeit ist, deine innere Freiheit zu finden und ganz im Augenblick der Gegenwart zu leben ... ... Vergangenes loszulassen und bei dir selbst anzukommen, um in deiner Gegenwart dein Leben zu gestalten und alle Hindernisse zu überwinden ... ... Und mit diesem Gedanken zeigt sich vor deinen Augen das goldene Tor der inneren Freiheit, das sich für dich jetzt öffnet, in genau diesem Augenblick ... ... Und mit einem großen Schritt gehst du durch das goldene Tor der inneren Freiheit und kommst im Augenblick der Gegenwart an ... ...

Kreative Neuausrichtung. Du stehst auf einer wunderschönen Wiese vor einem kräftigen Baum mit tausend weißen Blüten ... ... Du gehst ganz nah heran und es fällt dir auf, dass die Blütenblätter einen zarten roten Rand haben ... ... Du kannst dem Baum bei Wachsen zusehen ... ... Vor deinen Augen recken und strecken sich seine Äste, streben dem Licht der Sonne und des Himmels entgegen ... ... Gleichzeitig spürst du die Veränderung und die Erneuerung in dir ... ... spürst, wie sich deine Gefühle in dir recken und strecken, um mit dir in den Himmel zu wachsen ... ...

Selbstversöhnung. Du spürst den warmen Wind auf deiner Haut ... ... und im Wind hörst du eine zarte Kinderstimme ... ... Du schaust dich um und siehst eine Gruppe spielender Kinder, die auf dich zu läuft ... ...

eines davon tritt aus der Gruppe heraus und kommt ganz nah zu dir …
… Es sieht genau so aus wie du als Kind ausgesehen hast … … Du
spürst, dass du selbst dieses Kind bist, als dein inneres Kind … … Das
Kind bedankt sich bei dir dafür, dass du seine Welt in den Kugeln des
einen Augenblicks in Ordnung gebracht hast … … Dann muss es weiter,
um mit den glücklichen Kindern den Horizont zu erreichen, denn dort
beginnt deine Zukunft … … Es ist nun an der Zeit, dass es seinen eigenen Weg geht und du deinen … … Du schenkst deinem inneren Kind
eine Blüte des Baumes als Andenken an diesen Augenblick … …Du
umarmst das Kind und lässt es in Liebe los … … Das Kind an deiner
Seite läuft so schnell es kann zu den glücklichen Kindern und mit ihnen
gemeinsam zum Horizont … …

Achtsamkeit und Selbsttreue. Du schaust in den hellblauen Himmel und
siehst kleine weiße Wolken vorüber ziehen … … Du denkst darüber
nach, wie wichtig und wertvoll es für dich ist, dein inneres Kind und all
das, wofür es stehen kann, immer wieder liebevoll zu begleiten und
gleichzeitig loszulassen, damit es den Weg des Lernens und Reifens
auch wirklich gehen kann … … so wie du … … genau so wie du … …
Jederzeit kannst du im Land der Träume dir selbst, dem inneren Kind
und deiner gesamten Lebensgeschichte begegnen … … und immer wieder dich selbst befreien, um ganz und gar in deiner Gegenwart zu leben,
deine Zukunft zu gestalten, die in jeder Sekunde deines Lebens beginnt
… … Du machst dir noch einmal klar, dass das Land der Träume ganz
tief in dir drin ist … … Dort war es schon immer … … ich erzähle dir
nur davon … …

*[Gönne dir noch einen Augenblick der Ruhe und verweile in deinem Ge-
fühl. Lass die Bilder und Gedanken einfach da sein und schenke dir selbst
Achtsamkeit und Zuneigung. Lass deine Atmung bewusst werden. Mit
dem Wind deines Atems kommst du zurück in deinen Körper. Werde dir
deines Körpers bewusst und schenke ihm Achtsamkeit. Nimm Kontakt
auf zu der Unterlage, auf der du liegst, und stell dich darauf ein, mit
dem Gefühl der Nähe zu dir selbst wach zu werden. Dein Körper wird
wieder aktiv und du wirst nun wieder wach. Du öffnest die Augen und
bist wach!]*

Gewalt gegen die Mutter in deiner Kindheit

Dritte Sitzung (Loslassen der Schuldgefühle)

[Du bist dabei, deine Vergangenheit zu verarbeiten. In deiner Kindheit hast du Gewalt erlebt, als Beobachter, doch du weißt inzwischen, dass du damit auch Betroffener warst und bist. Deine Sorge und Fürsorge für deine Mutter, die Opfer dieser Gewalt war, hat dich geprägt. Und ohne es zu bemerken, hast du auch Schuldgefühle und ein schlechtes Gewissen entwickelt. Vielleicht weil du deine Mutter nicht beschützen konntest, vielleicht auch, weil du dir heimlich gewünscht hast, der Täter möge sterben, damit das alles ein Ende haben kann. Und vielleicht auch, wenn du in dich hinein hörst, gab es manchmal den unausgesprochenen hilflosen Wunsch, dass deine Mutter sterben würde. Denn damit wäre ihr Leiden zu Ende gewesen. Und auch deines. Dann hast du dich für diesen Wunsch selbst angeklagt und gedacht, es wäre falsch oder böse, einem Menschen den Tod zu wünschen. Möglicherweise erinnerst du dich auch gar nicht an solche Gedanken oder Wünsche. Deine Gedanken können anders gewesen sein. Vielleicht auch fällt dir erst jetzt wieder ein, dass du diesen Erlösungswunsch hattest. Oder es fallen dir andere Gedanken ein, die dir Schuldgefühle gemacht haben. Und wenn du noch weiter denkst, dann fallen dir auch Situationen deines Lebens ein, die du als Versäumnisse beurteilst. Und gerade das bewertest du als deine Schuld, weil du dir damals vorgenommen hast, immer ein Helfer zu sein.]

Ankommen im Land der Träume. Du wirst heute eine ganz besondere Reise antreten ... ... eine Reise an einen Ort, den du noch nie zuvor gesehen hast und doch warst du schon oft dort ... ... im Land deiner Träume ... ... Spüre den Rhythmus deines Körpers, der sich mit deiner Atmung wie eine Welle auf und ab bewegt ... ... Stell dir dabei vor, dass die Wellen deines Körpers dich fort tragen, wie die Wellen des Ozeans es könnten ... ... Du gehst in das Land der Träume ... ... In diesem Land wirst du zum Entdecker, der alles finden kann ... ... denn alles war immer schon da und kann gesehen werden, wenn die richtige Zeit dafür gekommen ist ... ... und wer weiß ... ... vielleicht ist die richtige Zeit gerade jetzt ... ...

Distanzierung vom Bewussten. Du hörst das Geräusch fließenden Wassers ... ... Du hörst im Land der Träume immer Wasser fließen, denn es gibt hier so vieles, das sich sprichwörtlich und auch tatsächlich im Fluss befindet ... ... Quellen der Kraft und der Heilung ... ... die Zeit des Lebens ... ... und dein inneres Lernen und Wachsen ... ... Mit dem Geräusch des fließenden Wassers verlieren sich die Bilder des Alltages, und die Bilder des Traumlandes mit seiner wunderschönen Natur werden klarer und intensiver ... ... Du folgst dem Geräusch des Wassers, denn für deine heutige Reise zieht es dich magisch an ... ... Du stellst dir vor, wie es wäre, wenn du dich so ungestört und selbstverständlich durch dein Leben bewegen könntest wie das fließende Wasser eines Baches oder Flusses ... ... das durch keine Hindernisse aufgehalten werden kann ... ... mühelos und spielerisch seinen Weg ganz von selbst findet ... ... Hier im Land der Träume kannst auch du diese Leichtigkeit haben, dich einfach treiben lassen und ganz von selbst deinen Weg finden ... ... Es ist immer der Weg des Erkennens und Verstehens ... ... Es ist immer der Weg zu dir selbst ... ...

Bewusstseinsreinigung. Vor dir erscheint ein weißer Lichtbogen, der sich wie ein kleiner Regenbogen krümmt ... ... Der leuchtende Bogen aus purem Licht ist dein Eingangstor in die Tiefe des Traumlandes ... ... Du stellst dich unter den Bogen und wirst von dem reinen Licht erfasst ... ... Dein ganzer Körper erstrahlt in einem wunderschönen reinen Weiß ... ... Gleichzeitig lässt du alle Gedanken los und öffnest dich für einen neuen Weg im Land der Träume ... ... für einen neuen Weg in deinem Leben ... ... Du gehst unter dem Lichtbogen hindurch ... ...

Konfrontation und Klärung. Du stehst an einem breiten Fluss, der quer durch das Land der Träume fließt wie der Fluss deines Lebens, das sich ständig bewegt und weiter entwickelt ... ... kein Augenblick gleicht dem anderen, auch wenn es häufig so scheint ... ... Wenn es dir gelingt, dich selbst einmal ganz und gar auf den Augenblick der Gegenwart zu konzentrieren, so ist genau dieser eine Augenblick einzigartig ... ... und schon mit der nächsten Sekunde beginnt die Zukunft, die sogleich zum neuen Augenblick der Gegenwart wird ... ... Und doch kennst du auch die Gedanken an die Vergangenheit, die dich immer wieder beschäftigen

… … die du dann immer wieder loslassen willst und musst … … um wieder einzutreten in den Augenblick der Gegenwart, den einzigen Augenblick, die einzige Zeit, die es wirklich gibt … … Erinnerungen sind meistens nur Vorstellungen von dem, was in der Vergangenheit einmal war … … interpretierte und bewertete, flüchtige Schatten, die nur noch Bedeutung haben, weil wir es zulassen … … So gelten auch deine Schuldgefühle längst vergangenen Ereignissen, die du nicht mehr ändern kannst … … für die Ereignisse der Gewalt und der Eskalation in der Kindheit warst du zu keiner Zeit verantwortlich, hast niemals Schuld auf dich geladen, doch in deinem Inneren haben sich Gefühle von Versäumnis und Schuld ausgebreitet … … in deinem späteren Leben hast du dich oft schuldig gefühlt, weil du damals die Ereignisse nicht ändern konntest … … Heute schaust du auf den Fluss des Lebens und kannst bis auf den Grund des Flussbettes blicken … … Wenn du ganz nah heran gehst, siehst du das glasklare Wasser, das dir Einblick gewährt bis auf den Grund … … Dann bemerkst du Farben am Boden des Flussbettes, Farben, die sich langsam zu Bildern formen, die an die Oberfläche steigen … … Zuerst kommt ein Bild nach oben, das dir einen Gegenstand zeigt, den du einst kaputt gemacht hast … … vielleicht eine Vase, die dir runter gefallen ist oder ein Spielzeug, dass du kaputt gemacht hast … … Das Bild steigt nach oben und an der Oberfläche des Wassers zerfließt es, wird vom fließenden Wasser aufgelöst … … Dann steigt ein Bild aus der Tiefe auf, dass dich an eine Situation in deinem Leben erinnert, in der du nach deiner Einschätzung einen großen Fehler gemacht hast, Schuld auf dich geladen hast … … Vielleicht hat dieses Bild auf den ersten Blick gar nichts mit den Ereignissen der Kindertage zu tun … … Lass das Bild dennoch aufsteigen, was auch immer es dir zeigen mag … … Selbst wenn es ein Bild sein sollte, dass du nicht einmal mit dem Gefühl der Schuld in Verbindung bringen kannst, lass es da sein … … Wenn das so sein sollte, kannst du hier am Fluss deines Lebens erkennen und verstehen, dass du für vieles, wofür du dich verantwortlich fühlst, gar nicht wirklich verantwortlich bist … … mit deinem schlechten Gewissen und deinen Schuldgefühlen ist es genau so … … Sicher trägst du Verantwortung in deinem Leben, doch damals warst du nicht verantwortlich, konntest auch keine Schuld auf dich laden … … auch dann nicht, wenn du darüber nachgedacht oder dir gewünscht haben solltest, dass der Tod deine Mutter erlösen könnte … … Es war die Sehnsucht nach einem Ende der Qualen für sie und für dich … … Du hattest jedes Recht der Welt, das Ende des Leidens herbei zu sehnen … … Dass Tod der einzige Ausweg gewesen wäre, zeigt dir, wie bedrohlich und ausweglos dein Leiden damals war … … Doch heute kann alles anders werden … … Heute zerfließen alle Bilder an der Oberfläche des Wassers, das unaufhörlich weiter fließt … … Der Fluss des Lebens strömt unaufhaltsam … … Die Bilder der Schuld zerfließen als wären sie auf der Wasseroberfläche in Ölfarbe gemalt … … Vergangenheit hat dir geholfen zu lernen, nun ist alles getan … …

Schritt in die Gegenwart. Du denkst darüber nach, dass es jetzt an der Zeit ist, deine innere Freiheit zu finden und ganz im Augenblick der Gegenwart zu leben … … Vergangenes loszulassen und bei dir selbst anzukommen, um in deiner Gegenwart dein Leben zu gestalten und alle Hindernisse zu überwinden … … Und mit diesem Gedanken zeigt sich vor deinen Augen das goldene Tor der inneren Freiheit, das sich für dich jetzt öffnet, in genau diesem Augenblick … … Und mit einem großen Schritt gehst du durch das goldene Tor der inneren Freiheit und kommst im Augenblick der Gegenwart an … …

Kreative Neuausrichtung. Es wird Abend und du findest einen schönen Platz im Land der Träume, an dem du schlafen kannst, um dich endlich von den Strapazen der vielen Jahre auszuruhen … … um endlich deinen inneren Frieden ganz zu finden und in ihm zu leben … … im Augenblick der Gegenwart … … Der Mond leuchtet silbern, die Sterne funkeln am Himmel … … und im silbernen Licht des Mondes entstehen Gedanken und Bilder in dir, die dir zeigen, wie entspannt und frei du leben kannst, nachdem du deine Schuldgefühle aufgelöst hast … … hier im Land der Träume und in deinem wachen Alltag … … Du träumst einen schönen Traum von der inneren Freiheit und schläfst ein … …

Selbstversöhnung. Dann hörst du Kinderstimmen, die dich aufwecken … … Du schaust dich um, es ist wieder heller Tag im Land der Träume … … Die Gruppe der glücklichen Kinder läuft auf dich zu, und das Kind, das so aussieht wie du, läuft ganz vorne … … Das inneren Kind kommt zu dir und schenkt dir einen Farbkasten mit Ölfarben ... ... mit diesen Farben kannst du die Bilder deiner Gegenwart und deiner Zukunft malen, so wie du sie haben willst ... ... Dann umarmt dich das Kind und läuft mit den glücklichen Kindern weiter zum hellblauen Horizont, begleitet von deiner Liebe und deinem Loslassen ... ... Du öffnest den Farbkasten und beginnst, neue Bilder in den Himmel zu malen ... ... Bilder des inneren Friedens in der Farbe Hellblau und Bilder der Selbstliebe in der Farbe rot ... ... Hellblau und Rot für die Bilder der Gegenwart ... ...

Achtsamkeit und Selbsttreue. Du schaust in den hellblauen Himmel und siehst kleine weiße Wolken vorüber ziehen ... ... Du denkst darüber nach, wie wichtig und wertvoll es für dich ist, dein inneres Kind und all das, wofür es stehen kann, immer wieder liebevoll zu begleiten und gleichzeitig loszulassen, damit es den Weg des Lernens und Reifens auch wirklich gehen kann ... ... so wie du ... ... genau so wie du ... ... Jederzeit kannst du im Land der Träume dir selbst, dem inneren Kind und deiner gesamten Lebensgeschichte begegnen ... ... und immer wieder dich selbst befreien, um ganz und gar in deiner Gegenwart zu leben, deine Zukunft zu gestalten, die in jeder Sekunde deines Lebens beginnt ... ... Du machst dir noch einmal klar, dass das Land der Träume ganz tief in dir drin ist ... ... Dort war es schon immer ... ... ich erzähle dir nur davon ... ...

[Gönne dir noch einen Augenblick der Ruhe und verweile in deinem Gefühl. Lass die Bilder und Gedanken einfach da sein und schenke dir selbst Achtsamkeit und Zuneigung. Lass deine Atmung bewusst werden. Mit dem Wind deines Atems kommst du zurück in deinen Körper. Werde dir deines Körpers bewusst und schenke ihm Achtsamkeit. Nimm Kontakt auf zu der Unterlage, auf der du liegst, und stell dich darauf ein, mit dem Gefühl der Nähe zu dir selbst wach zu werden. Dein Körper wird wieder aktiv und du wirst nun wieder wach. Du öffnest die Augen und bist wach!]

Gewalt gegen die Mutter in deiner Kindheit
Vierte Sitzung (Verzicht auf Wiedergutmachung)

[Einen Menschen zu lieben, macht unser Leben nicht immer leicht. Du weißt besser als viele andere, wovon ich rede, wenn ich sage, dass die Liebe auch dazu führen kann, dass wir uns verantwortlich für den von uns geliebten Menschen fühlen und jedes Leid, das dieser Mensch erfährt, versuchen abzuwenden, auch dann, wenn wir es nicht können und das genau wissen. Dann kommt es aber auch vor, dass ein Mensch, den wir lieben, sich so verhält, dass es gegen unsere Moral, gegen unsere Werthaltungen und unseren Glauben verstößt. Dann fällt es uns schwer, das auszuhalten, weil wir uns wiederum mit verantwortlich fühlen. Als Kind denken wir, dass Menschen, die wir lieben, nichts Böses tun. Dann hast du aber doch erlebt, dass ein von dir geliebter Mensch, deine Mutter geschlagen und gequält hat. Einerseits konntest du nicht verstehen, warum ein Mensch, den du liebst, einem anderen Menschen, den du auch liebst, so etwas antun kann. Andererseits hast du als Kind nicht aufgehört den Täter zu lieben, jedenfalls nicht sofort. Das hat dann dazu geführt, dass du dich auch dafür schuldig gefühlt hast. Du hast dir gewünscht, er sollte sich ändern und alles könnte aufhören. Der Wunsch wurde nicht erfüllt und wird es niemals werden, denn das Geschehene kann nicht mehr geändert werden.]

Ankommen im Land der Träume. Du wirst heute eine ganz besondere Reise antreten … … eine Reise an einen Ort, den du noch nie zuvor gesehen hast und doch warst du schon oft dort … … im Land deiner Träume … … Spüre den Rhythmus deines Körpers, der sich mit deiner Atmung wie eine Welle auf und ab bewegt … … Stell dir dabei vor, dass die Wellen deines Körpers dich fort tragen, wie die Wellen des Ozeans es könnten … … Du gehst in das Land der Träume … … In diesem Land wirst du zum Entdecker, der alles finden kann … … denn alles war immer schon da und kann gesehen werden, wenn die richtige Zeit dafür gekommen ist … … und wer weiß … … vielleicht ist die richtige Zeit gerade jetzt …
…

Distanzierung vom Bewussten. Du gehst heute in das Land der Träume, um einen weiteren großen Schritt der Freiheit und des Friedens zu gehen … … deiner inneren Freiheit und deines inneren Friedens … … Du stehst auf einem schmalen Pfad und folgst ihm einfach, weil du darauf vertrauen kannst, dass du im Land der Träume immer den richtigen Weg findest … … immer einen Weg zu dir selbst … … Der Pfad führt dich durch den Wald der Gedanken … … Du gehst zwischen den Bäumen hindurch auf dem weichen Boden des Pfades, den du gut erkennen kannst, doch gleichzeitig scheint es so, als wäre noch niemand diesen Weg gegangen … … Du siehst keine Spuren, keine Fußabdrücke … … Vielleicht gehst du diesen Pfad zum ersten Mal … … und mit jedem Schritt gehst du tiefer in deine Gedanken und Erinnerungen … … mit jedem Schritt gehst du tiefer in deine Gefühle … … Du durchquerst den Wald der Gedanken und kommst auf der anderen Seite zu einer riesigen Graslandschaft … … Sie sieht aus wie eine riesige Weide, doch du bist hier ganz alleine … … Niemand sonst ist hier … … nur du und meine Stimme, die dich führt … …

Bewusstseinsreinigung. Vor dir erscheint ein weißer Lichtbogen, der sich wie ein kleiner Regenbogen krümmt … … Der leuchtende Bogen aus purem Licht ist dein Eingangstor in die Tiefe des Traumlandes … … Du stellst dich unter den Bogen und wirst von dem reinen Licht erfasst … … Dein ganzer Körper erstrahlt in einem wunderschönen reinen Weiß … … Gleichzeitig lässt du alle Gedanken los und öffnest dich für einen neuen Weg im Land der Träume … … für einen neuen Weg in deinem Leben … … Du gehst unter dem Lichtbogen hindurch … …

Konfrontation und Klärung. Du entdeckst einen hohen eisernen Zaun, der das Traumland durchquert … … Auf deiner Seite des Zauns ist alles grün und lebendig … … Du stehst auf einer saftigen Wiese, es gibt Bäume mit reifen Früchten, Blumen und Sträucher und freundliche Tiere … … Du hörst Vögel zwitschern und kannst hier auf deiner Seite die Schönheit des Lebens und der Natur genießen … … Du gehst zu dem Zaun … … Auf der anderen Seite des Zauns ist alles öde und kahl und ein riesiger grauer Schatten liegt auf dem Land hinter dem Zaun … … Der stürmische Wind auf der anderen Seite weht grauen Sand und Staub

über das Land, doch auf deiner Seite ist alles friedlich und schön … …
Der Zaun geht wie eine Grenze durch das Land der Träume … … eine
Grenze, die zwei Welten voneinander trennt … … Und durch den grau-
en Sandsturm nähert sich eine Gestalt mit einem dunklen schweren
Mantel und einer Kapuze, die über den Kopf gezogen ist … … Die Gestalt tritt an den Zaun … … Du erkennst den Täter der damaligen Zeit …
… der einst von dir geliebte Mensch, der die Gewalt in dein Leben gebracht hatte … … Regungslos bleibt er auf seiner Seite des Zaunes stehen … … Hier im Land der Träume entscheidest nur du, was möglich ist
… … Niemand, den du nicht dazu einlädst, kann den Zaun überwinden
und mit dir im Land der Träume sein … … auch er nicht … … Dieser
Mensch ist nicht um seiner selbst willen hier … … es spielt keine Rolle,
welche Beweggründe er einst hatte oder was seine Geschichte war … …
Wie du hat auch er ein Land seiner Träume, wie wir alle, dort kann er
seine Geschichte finden, wenn er dazu bereit sein sollte … … Hier geht
es nur um dich und deinen Frieden … … nur deshalb ist er heute hier …
… nur deshalb … … Du überlegst dir, was du ihm sagen möchtest … …
Du erzählst ihm einfach von den Gefühlen und der Angst, die du einst
hattest … … damals als die Gewalt noch an der Tagesordnung war … …
Erzähle ihm auch die Gefühle, die vielleicht nur du kennst, über die du
noch nie mit jemandem gesprochen hast, die du aber vielleicht jetzt als
Erinnerung spüren kannst … … Nimm dir Zeit, um dieser Person davon
zu erzählen … … Wenn du willst, erzähle ihm davon, wenn du willst
schrei es ihm entgegen … … Mach es so, wie dein Gefühl es dir nahe
legt, denn jetzt musst du gar nichts erfüllen, keine Fassung bewahren
und keine Rolle erfüllen, denn das wäre eine erneute Aufforderung in
deinem Leben, dich anders zu verhalten als es deinem wahren Gefühl
entspricht … … Du bist nicht hier um zu verzeihen, sondern um dich zu
befreien … … Sag jetzt im Land der Träume, was du sagen willst oder
musst … … ich bin bei dir und lasse dir etwas Zeit … … *[Jetzt eine gefühl-
te Minute Pause machen und den Klienten in den inneren Kontakt gehen lassen, um seine Gefühle zu spüren und innerlich auszusprechen.]* … … Du
stehst immer noch am Zaun zwischen den Welten und die Person auf
der anderen Seite erstarrt zu einer steinernen Skulptur … … Sie kann
sich nicht mehr bewegen, kann dir nichts tun, kann aber auch gar nichts
tun, denn die Zeit von damals ist längst vergangen … … Die Welt auf

der anderen Seite des Zauns ist ein Schatten der Vergangenheit … …
Was auch immer der Täter von damals heute tun könnte, wenn er noch
lebt, das Geschehene kann nicht mehr verändert werden … … es ist Teil
deiner Geschichte … … Der Teil dieses Menschen auf der Schattenseite,
den du einst geliebt hast und vielleicht bis heute liebst, weil er ohne Gewalt und Schrecken war und ist … … dieser Teil lebt irgendwo im Land
deiner Träume, als Farbe, als Klang oder als Bild der Natur … … Doch
der Teil der Gewalt, der dir Angst gemacht hat, der so schrecklich und
schlimm war, steht als steinerne Skulptur jenseits des Zaunes und zerfällt vor deinen Augen zu Staub, der vom Wind verweht wird … …

Schritt in die Gegenwart. Du denkst darüber nach, dass es jetzt an der Zeit
ist, deine innere Freiheit zu finden und ganz im Augenblick der Gegenwart zu leben … … Vergangenes loszulassen und bei dir selbst anzukommen, um in deiner Gegenwart dein Leben zu gestalten und alle
Hindernisse zu überwinden … … Und mit diesem Gedanken zeigt sich
vor deinen Augen das goldene Tor der inneren Freiheit, das sich für dich
jetzt öffnet, in genau diesem Augenblick … … Und mit einem großen
Schritt gehst du durch das goldene Tor der inneren Freiheit und kommst
im Augenblick der Gegenwart an … …

Kreative Neuausrichtung. Der Himmel über dir ist hellblau, und es ziehen
kleine weiße Wolken vorüber … … Du legst dich hin, um dich auszuruhen … … vielleicht auch um zu betrauern, dass Wiedergutmachung
deines Leidens nicht möglich ist … … Keine Vergeltung und keine Ereignisse der Gegenwart, die als Ausgleich denkbar wären, könnten wirklich das ungeschehen machen, was damals war … … Ausgleich und
Wiedergutmachung gibt es nur für die Gegenwart in der Gegenwart …
… deine Befreiung von Leid in der Gegenwart gleicht das Leiden der
Gegenwart aus und lässt dich in Frieden leben … … Dann kommt ein
Engel mit silbernen Flügeln zu dir, der Schutzengel des Traumlandes …
… Er schützt dich mit seinen Flügeln und schenkt dir als Trost seine
ganze Liebe … … Der Himmel färbt sich rot als Zeichen der Liebe für
dich … … der Liebe des Traumlandes und der Liebe Gottes, wenn du an
ihn glauben kannst … … Dann lässt du dich ganz in die Flügel des sil-

bernen Engels fallen, der dich sicher und sanft trägt … … hier im Land der Träume und an jedem Tag deines Lebens … …

Selbstversöhnung. Dein inneres Kind kommt zu dir und lässt sich wie du vom silbernen Engel tragen und beschützen … … Du schläfst in den Armen des Engels ein … … und als du wieder aufwachst, ist das Kind verschwunden und auch der silberne Engel ist nicht mehr da … … Doch du spürst seine Liebe tief in dir und findest eine silberne Feder seiner Flügel neben dir … … und am Horizont siehst du die Gestalt des Kindes, das die Gruppe der glücklichen Kinder erreicht … …

Achtsamkeit und Selbsttreue. Du schaust in den hellblauen Himmel und siehst kleine weiße Wolken vorüber ziehen … … Du denkst darüber nach, wie wichtig und wertvoll es für dich ist, dein inneres Kind und all das, wofür es stehen kann, immer wieder liebevoll zu begleiten und gleichzeitig loszulassen, damit es den Weg des Lernens und Reifens auch wirklich gehen kann … … so wie du … … genau so wie du … … Jederzeit kannst du im Land der Träume dir selbst, dem inneren Kind und deiner gesamten Lebensgeschichte begegnen … … und immer wieder dich selbst befreien, um ganz und gar in deiner Gegenwart zu leben, deine Zukunft zu gestalten, die in jeder Sekunde deines Lebens beginnt … … Du machst dir noch einmal klar, dass das Land der Träume ganz tief in dir drin ist … … Dort war es schon immer … … ich erzähle dir nur davon … …

[Gönne dir noch einen Augenblick der Ruhe und verweile in deinem Gefühl. Lass die Bilder und Gedanken einfach da sein und schenke dir selbst Achtsamkeit und Zuneigung. Lass deine Atmung bewusst werden. Mit dem Wind deines Atems kommst du zurück in deinen Körper. Werde dir deines Körpers bewusst und schenke ihm Achtsamkeit. Nimm Kontakt auf zu der Unterlage, auf der du liegst, und stell dich darauf ein, mit dem Gefühl der Nähe zu dir selbst wach zu werden. Dein Körper wird wieder aktiv und du wirst nun wieder wach. Du öffnest die Augen und bist wach!]

Gewalt gegen die Mutter in deiner Kindheit
Fünfte Sitzung (Abschlussritual)

[Gewalterfahrungen zu überwinden, ist nicht einfach. Oftmals versuchen wir, schwierige oder sehr schmerzhafte Ereignisse auch zu vergessen, doch du weißt, dass das nicht möglich ist. Vergessen wäre auch keine gute Lösung, denn tief in uns bleiben alle Erinnerungen erhalten. Sie ist in unserem Körper gespeichert, zeigt sich dort als Verspannung oder als Bauchgefühl, irgendwann vielleicht sogar als Krankheit. Und noch tiefer in unserem Organismus, in der Welt unserer Gefühle, sind die Erlebnisse und Ereignisse unseres Lebens auch abgespeichert, liegen dort für uns bereit, um uns bei unserem Lernen und Reifen zu unterstützen. Wir brauchen also unsere Erinnerungen. Doch du hast bereits gelernt, dass es darauf ankommt, unsere Gefühle möglichst rein und unverstellt in uns spüren zu können, damit wir auch wirklich von ihnen lernen können. Das ist aber nicht immer der Fall, und du hast viele Jahre auch mit Gefühlen und Bewertungen gelebt, die gar nicht deine eigenen waren. Daraus sind dann Routinen entstanden, wie du mit dir und deinem Leben umgegangen bist. Es ist auch ein Festhalten an den vergangenen Ereignissen daraus entstanden mit dem Wunsch nach Wiedergutmachung. Du hast versucht darauf zu verzichten, und es ist dir auch gelungen. Doch manchmal kommt der Gedanke vielleicht noch einmal zurück. Du kannst ihn dann immer wieder loslassen. Ich zeige dir heute, wie du das machen kannst.]

Ankommen im Land der Träume. Du wirst heute eine ganz besondere Reise antreten … … eine Reise an einen Ort, den du noch nie zuvor gesehen hast und doch warst du schon oft dort … … im Land deiner Träume … … Spüre den Rhythmus deines Körpers, der sich mit deiner Atmung wie eine Welle auf und ab bewegt … … Stell dir dabei vor, dass die Wellen deines Körpers dich fort tragen, wie die Wellen des Ozeans es könnten … … Du gehst in das Land der Träume … … In diesem Land wirst du zum Entdecker, der alles finden kann … … denn alles war immer schon da und kann gesehen werden, wenn die richtige Zeit dafür gekommen ist … … und wer weiß … … vielleicht ist die richtige Zeit gerade jetzt … …

Distanzierung vom Bewussten. Du willst heute einen Abschluss finden, willst das Vergangene der Vergangenheit übergeben ... ... Du weißt, dass du die Bilder deiner Erinnerung bewahren wirst, und dass die Gefühle, die du damals in der Zeit der Gewalt erlebt und gespeichert hast, deinen wahren Gefühle, die dir selbst galten, dir helfen werden, immer mehr über dich selbst und von dir selbst zu lernen ... ... Gleichzeitig lässt du alle Belastungen, die noch da sein könnten, heute los ... ... denn alles ist bereits vorbei und kann dich nicht mehr aufhalten oder hindern ... ... Du findest einen schönen Platz in der Natur ... ... vielleicht eine Hängematte zwischen alten Bäumen oder eine Liege, die in der Sonne steht ... ... Wähle einfach einen Platz, an dem du dich am besten ausruhen kannst ... ... Dann schließt du die Augen und lässt deine Gedanken vorüberziehen ... ... stellst dir vielleicht vor, dass kleine weiße Wolken am hellblauen Himmel vorüber ziehen und deine Gedanken mitnehmen ... ... So findest du Ruhe und Ausgeglichenheit und darin Stärke und frische Kraft für den Abschluss deiner anstrengenden Vergangenheitsbewältigung ... ... Du hörst eine Kinderstimme im Wind und öffnest die Augen ... ...

Bewusstseinsreinigung. Vor dir erscheint ein weißer Lichtbogen, der sich wie ein kleiner Regenbogen krümmt ... ... Der leuchtende Bogen aus purem Licht ist dein Eingangstor in die Tiefe des Traumlandes ... ... Du stellst dich unter den Bogen und wirst von dem reinen Licht erfasst ... ... Dein ganzer Körper erstrahlt in einem wunderschönen reinen Weiß ... ... Gleichzeitig lässt du alle Gedanken los und öffnest dich für einen neuen Weg im Land der Träume ... ... für einen neuen Weg in deinem Leben ... ... Du gehst unter dem Lichtbogen hindurch ... ...

Konfrontation und Klärung. Du stehst auf einem sandigen Boden ... ... und vor dir im goldgelben Sand liegt eine graue Kugel der Angst ... ... Du nimmst die Kugel in beide Hände, sie ist viel leichter als du dachtest ... ... Dann gehst du einfach los, lässt dich von deinem Gefühl und von der Weisheit des Traumlandes leiten und führen, vertraust darauf, dass du den richtigen Weg ganz von alleine findest ... ... Du denkst darüber nach, dass du vielleicht einen Rest der früheren Angst noch spüren kannst, weil die Erinnerung an die Gewalt und die Sorge und Angst um die Mutter und um dein eigenes Leben immer wieder einmal in deine Gedanken huscht ... ... Vielleicht kannst du dich aber auch mit innerer Leichtigkeit an die Ereignisse von damals erinnern, weil du tief in dir spürst, dass du von alledem gelernt hast und etwas Gutes daraus gemacht hast ... ... und an jedem Tag in deinem Leben deine eigene Geschichte nutzen kannst, um Gutes für dich entstehen zu lassen ... ... Doch auch in diesem Fall nimmst du die graue Kugel mit auf deinem heutigen Wege, nur für den Fall, dass die Erinnerung doch noch einmal so zurück kommen könnte wie früher ... ... Du willst diese Kugel der Angst heute ganz und gar loslassen ... ... und sollte die Erinnerung eines Tages wieder schwerer werden und alte Beklemmungen und Unsicherheiten damit spürbar werden, dann kannst du diese wieder loslassen, weil du dich daran erinnerst, dass du es bereits geschafft hast, und dass du es heute getan hast ... ... denn heute lässt du all das los, was dich noch sorgenvoll und mit Lasten an die Erlebnisse der Gewalt binden könnte ... ... Du übergibst das Vergangene nun der Vergangenheit, in der Gewissheit, tief in dir auch weiterhin von deiner Erinnerung konstruktiv zu lernen ... ... von deiner wahren Erinnerung, von deinem wahren Gefühl ... ... Du erreichst einen Fluss mit sprudelndem, glasklaren Wasser, dass so schön funkelt und blitzt wie ein Diamant oder ein wunderschöner Edelstein ... ... Du kannst bis auf den Grund des Flussbettes blicken, so rein und klar ist das Wasser ... ... und am Ufer des Flusses findest du eine hellblaue Schachtel ... ... Du öffnest den Deckel ... ... Sie ist leer ... ... Dann legst du die graue Kugel der Angst in die hellblaue Schachtel und mit ihr jeden Gedanken an Ausgleich und Wiedergutmachung durch andere Menschen ... ... Du entscheidest dich dafür, dass genau dieses Loslassen eine Wiedergutmachung in der Gegenwart sein soll ... ... eine Wiedergutmachung, die das Land der Träume dir anbietet ... ... Im Loslassen wird deine Gegenwart wieder gut, denn du wirst frei ... ... noch freier als du es schon geworden bist ... ... Dann verschließt du die hellblaue Schachtel mit dem Deckel ... ... Du entdeckst eine kleine weiße Kerze, die du anzündest und auf die Schachtel stellst ... ... Du machst dich bereit zum Loslassen ... ... zum Übergeben des Vergangenen an die Vergangenheit, um selbst in die Gegenwart zu gehen, heute und an jedem Tag deines Lebens in der Gegenwart zu leben ... ... Du machst dich bereit, und wenn du Hilfe brauchst, dann kommt jetzt der silberne Engel zu dir, der Schutzengel des Traumlandes, der dir beisteht und dir Mut macht ... ... Mit ihm gemeinsam vollziehst du dieses Ritual ... ... setzt die hellblaue Schachtel auf das Wasser und lässt sie jetzt los, in genau diesem Augenblick ... ... Dann schaust du der Schachtel hinterher und siehst, wie sie vom Fluss weggetragen wird ... ... Du brauchst sie nicht mehr ... ... Sie wird immer kleiner, und bald schon siehst du nur noch die kleine weiße Flamme der Kerze, die auf der Schachtel des Loslassens steht ... ... bis auch sie ganz verschwindet und du frei bist ... ...

Schritt in die Gegenwart. Du denkst darüber nach, dass es jetzt an der Zeit ist, deine innere Freiheit zu finden und ganz im Augenblick der Gegenwart zu leben ... ... Vergangenes loszulassen und bei dir selbst anzukommen, um in deiner Gegenwart dein Leben zu gestalten und alle Hindernisse zu überwinden ... ... Und mit diesem Gedanken zeigt sich vor deinen Augen das goldene Tor der inneren Freiheit, das sich für dich jetzt öffnet, in genau diesem Augenblick ... ... Und mit einem großen Schritt gehst du durch das goldene Tor der inneren Freiheit und kommst im Augenblick der Gegenwart an ... ...

Kreative Neuausrichtung. Du denkst darüber nach, was du tun kannst, wenn die Erinnerung an die Gewalt von damals dich doch irgendwann noch einmal belasten sollte ... ... Dann überlegst du dir, dass das Land der Träume ganz tief in dir drin ist und immer schon dort war ... ... Also kannst du auch an jedem Tag deines Lebens dorthin gehen, um die hellblaue Schachtel mit der Kugel der Angst und der Belastungen von damals noch einmal der Vergangenheit zu übergeben, denn dort gehören sie hin ... ... Genau genommen, musst du nicht einmal gezielt in das Land der Träume gehen ... ... Du bist immer dort ... ... und seit einiger Zeit weißt du es und kannst es auch fühlen ... ... Wenn also belastende Gedanken zurückkehren sollten, vielleicht in vielen Jahren erst, dann schließt du einfach kurz die Augen und schon stehst du am glasklaren Fluss im Land der Träume und lässt los ... ... So einfach ist es tatsächlich ... ...

Selbstversöhnung. Dann triffst du die Gruppe der glücklichen Kinder …
… Dein inneres Kind ist unter ihnen und sieht genau so glücklich aus
wie alle anderen … … Es ist soweit … … Du kannst jetzt dein inneres
Kind loslassen und deinen eigenen erwachsenen Weg gehen, den Weg
der Gegenwart … … den Weg in die Zukunft … … Das innere Kind, das
im Land der Träume nun auch seinen eigenen Weg geht, begleitet von
deiner Liebe und deinem Mut, läuft mit den glücklichen Kindern zum
Horizont, in das goldene Licht der Sonne hinein, um dort als erwachsene
Person mit den Erfahrungen des Kindes bei dir und in dir zu sein … …

Achtsamkeit und Selbsttreue. Du schaust in den hellblauen Himmel und
siehst kleine weiße Wolken vorüber ziehen … … Du denkst darüber
nach, wie wichtig und wertvoll es für dich ist, dein inneres Kind und all
das, wofür es stehen kann, immer wieder liebevoll zu begleiten und
gleichzeitig loszulassen, damit es den Weg des Lernens und Reifens
auch wirklich gehen kann … … so wie du … … genau so wie du … …
Jederzeit kannst du im Land der Träume dir selbst, dem inneren Kind
und deiner gesamten Lebensgeschichte begegnen … … und immer wieder dich selbst befreien, um ganz und gar in deiner Gegenwart zu leben,
deine Zukunft zu gestalten, die in jeder Sekunde deines Lebens beginnt
… … Du machst dir noch einmal klar, dass das Land der Träume ganz
tief in dir drin ist … … Dort war es schon immer … … ich erzähle dir
nur davon … …

*[Gönne dir noch einen Augenblick der Ruhe und verweile in deinem Ge-
fühl. Lass die Bilder und Gedanken einfach da sein und schenke dir selbst
Achtsamkeit und Zuneigung. Lass deine Atmung bewusst werden. Mit
dem Wind deines Atems kommst du zurück in deinen Körper. Werde dir
deines Körpers bewusst und schenke ihm Achtsamkeit. Nimm Kontakt
auf zu der Unterlage, auf der du liegst, und stell dich darauf ein, mit
dem Gefühl der Nähe zu dir selbst wach zu werden. Dein Körper wird
wieder aktiv und du wirst nun wieder wach. Du öffnest die Augen und
bist wach!]*

Buchreihe: Im Land der Träume

Fantasiereisen für Erwachsene. Band 1 *ISBN: 978-3-7322-8620-1*
Selbstachtung und Selbstwertgefühl; Gewalt gegen die Mutter

Fantasiereisen für Erwachsene. Band 2 *ISBN: 978-3-7322-8562-4*
Psychosomatik; Panikanfälle

Fantasiereisen für Erwachsene. Band 3 *ISBN: 978-3-7322-8571-6*
Einschlafstörungen; Übergewicht und Essanfälle

Fantasiereisen für Erwachsene. Band 4 *ISBN: 978-3-7322-8572-3*
Sexueller Missbrauch durch Priester; Gewalt in der Kindheit

Fantasiereisen für Erwachsene. Band 5 *ISBN: 978-3-7322-8574-7*
Suchttendenzen (Alkohol); Angst beim Autofahren

Fantasiereisen für Erwachsene. Band 6 *ISBN: 978-3-7322-8581-5*
Burnout; Trauerbewältigung

Fantasiereisen für Erwachsene. Band 7 *ISBN: 978-3-7322-8605-8*
Prüfungsangst; Kontrollzwänge

Fantasiereisen für Erwachsene. Band 8 *ISBN: 978-3-7322-8608-9*
Ticstörungen; Schwangerschaftsabbruch

Fantasiereisen für Erwachsene. Band 9 *ISBN: 978-3-7322-8610-2*
Fehlgeburt; Flugangst

Fantasiereisen für Erwachsene. Band 10 *ISBN: 978-3-7322-8611-9*
Existenzangst; Hypochondrie

Weitere Fantasiereisen und Trancegeschichten

Wellen am Horizont. Trancegeschichten *ISBN: 978-3-8391-1394-3*
Trancegeschichten zu verschiedenen Themen

Heilsame Fantasien. Trancegeschichten *ISBN: 978-3-8391-0899-4*
Trancegeschichten zu verschiedenen Themen

Fang wieder an zu leben. Trancegeschichten *ISBN: 978-3-7322-4695-3*
Trancegeschichten zu Abbruch- und Umbruchsituationen

Spiegelbilder im See. Trancegeschichten *ISBN: 978-3-7322-9736-8*
Trancegeschichten zum Thema Beziehungen

Feuer am Wasserfall. Trancegeschichten *ISBN: 978-3-7322-9782-5*
Trancegeschichten zum Thema Gefühle und Stimmungslagen

Frieden mit dem inneren Kind. Trancegeschichten *ISBN: 978-3-7357-8853-5*
Trancegeschichten zur Vergangenheitsbewältigung mit dem inneren Kind

Im Land der Sternenkinder. Trancegeschichten *ISBN: 978-3-7322-8624-9*
Trancegeschichten für Eltern von Sternenkindern

Diesseits der Sternenbrücke. Trancegeschichten *ISBN: 978-3-7322-8623-2*
Trancegeschichten für Pflegekräfte

Buchreihe: Zehn Hypnosen

Zehn Hypnosen. Band 1: Raucherentwöhnung *ISBN: 978-3-7322-4733-2*

Zehn Hypnosen. Band 2: Angst und Unruhezustände *ISBN: 978-3-7322-4734-9*

Zehn Hypnosen. Band 3: Burn Out *ISBN: 978-3-7322-4717-2*

Zehn Hypnosen. Band 4: Übergewicht reduzieren *ISBN: 978-3-7322-4569-7*

Zehn Hypnosen. Band 5: Vergangenheitsbewältigung *ISBN: 978-3-7322-4719-6*

Zehn Hypnosen. Band 6: Suizidgedanken und Suizidversuche *ISBN: 978-3-7322-4722-6*

Zehn Hypnosen. Band 7: Psychoonkologie *ISBN: 978-3-7322-4725-7*

Zehn Hypnosen. Band 8: Zwänge und Tics *ISBN: 978-3-7322-4726-4*

Zehn Hypnosen. Band 9: Selbstvertrauen und Entscheidungen *ISBN: 978-3-7322-4727-1*

Zehn Hypnosen. Band 10: Trauerarbeit *ISBN: 978-3-7322-4729-5*

Zehn Hypnosen. Band 11: Psychosomatik *ISBN: 978-3-7322-8515-0*

Zehn Hypnosen. Band 12: Chronische Schmerzen *ISBN: 978-3-7322-8527-3*

Zehn Hypnosen. Band 13: Depressive Gedanken *ISBN: 978-3-7322-8528-0*

Zehn Hypnosen. Band 14: Panikanfälle *ISBN: ISBN: 978-3-7322-8533-4*

Zehn Hypnosen. Band 15: Gewalterfahrungen *ISBN: 978-3-7322-8535-9*

Zehn Hypnosen. Band 16: Posttraumatischer Stress *ISBN: 978-3-7322-8538-9*

Zehn Hypnosen. Band 17: Prüfungsangst und Lampenfieber *ISBN: 978-3-7322-8546-4*

Zehn Hypnosen. Band 18: Anti-Gewalt-Training *ISBN: 978-3-7322-8549-5*

Zehn Hypnosen. Band 19: Suchttendenzen *ISBN: 978-3-7322-8550-1*

Zehn Hypnosen. Band 20: Soziale Phobie und Kontaktangst *ISBN: 978-3-7322-8557-0*

Weitere Hypnosebücher

Die große Hypnosekartei. Textbausteine für Hypnosen *ISBN: 978-3-7322-8634-8*

Selbsthypnose. Das Praxisbuch *ISBN: 978-3-7322-4667-0*

Hypnose kreativ gestalten. Anleitungen für die Praxis *ISBN: 978-3-8448-0308-2*

Hypnosepraxis. Ein Leitfaden der Trancearbeit *ISBN: 978-3-8370-7629-5*

Reframing in Trance. Perspektiven mit Hypnose ändern *ISBN: 978-3-8370-7639-4*

Rückführungen. Leitfaden der Reinkarnationstherapie *ISBN: 978-3-8370-7642-4*

Der Hypnosebaukasten. Textbausteine und Anleitungen *ISBN: 978-3-8391-8109-6*

Grundkurs Hypnose *ISBN: 978-3-8391-0170-4*

Suggestionen richtig formulieren *ISBN 978-3-8370-9519-7*

Suggestionstexte und Hypnosevorlagen

Hypnosetexte 1. 50 ausformulierte Suggestionstexte für den Hypnosehauptteil *ISBN: 978-3-7322-4658-8*

Hypnosetexte 2. 50 ausformulierte Suggestionstexte für den Hypnosehauptteil *ISBN: 978-3-7322-4659-5*

Hypnosetexte 3. 50 ausformulierte Suggestionstexte für den Hypnosehauptteil *ISBN: 978-3-7322-4660-1*

Hypnosetexte 4. 50 ausformulierte Suggestionstexte für den Hypnosehauptteil *ISBN: 978-3-7322-4665-6*

Hypnosetexte 5. 50 ausformulierte Suggestionstexte für den Hypnosehauptteil *ISBN: 978-3-7322-8631-7*

Heilpraktikerbücher

Heilpraktiker für Psychotherapie. Prüfungswissen
ISBN: 978-3-8334-9867-1

Heilpraktiker für Psychotherapie. Die mündliche Prüfung
ISBN: 978-3-8334-9868-8

Heilpraktiker für Psychotherapie. Die schriftliche Prüfung
ISBN: 978-3-8370-0347-5

Heilpraktiker für Psychotherapie. 20 Fallbeispiele
ISBN: 978-3-8370-1090-0

Endlich Heilpraktiker. Die häufigsten Irrtümer in der Psychotherapieprüfung *ISBN: 978-3-8370-0329-1*

Übungsaufgaben Psychotherapie. Zur Vorbereitung auf den kleinen Heilpraktiker *ISBN: 978-3-8370-0683-4*

Crashtest Psychotherapie. Zur Vorbereitung auf den kleinen Heilpraktiker *ISBN: 978-3-8370-0709-1*

Spezialtest Psychotherapie. Für kleine und große Heilpraktiker *ISBN: 978-3-8370-5838-3*

Heilpraktikerprüfung Psychotherapie. 200 kommentierte Aufgaben *ISBN: 978-3-8370-6017-1*

Diagnosetraining Psychotherapie. Ein Arbeits- und Nachschlagebuch *ISBN: 978-3-8370-4281-8*

Psychotherapie. Der Fragenkatalog. Fachwissen Heilkunde
ISBN: 978-3-8370-5396-8

FSC
www.fsc.org

MIX

Papier aus ver-
antwortungsvollen
Quellen
Paper from
responsible sources

FSC® C105338